小学校

考え、議論する 道徳科授業の新展開

― 高学年 ―

［編著］
赤堀博行

東洋館出版社

はじめに

　「特別の教科　道徳」（道徳科）がスタートする。授業をする先生方には、道徳科の特質を理解した上で、児童に考えさせたいこと、学ばせたいことを明確にして授業を行っていただきたい。

　今次の道徳教育の改善に際して、道徳授業の特質を生かした授業が行われていない場合があることが挙げられ、読み物の登場人物の心情理解のみに偏った指導が行われていることや、発達の段階などを十分に踏まえず、児童に望ましいと思われる分かりきったことを言わせたり書かせたりする指導に終始しているなどの課題が指摘された。

　学習指導要領改正に際して、答えが1つではない道徳的な課題を一人一人の児童が自分自身の問題と捉え、向き合う「考える道徳」「議論する道徳」へと転換を図ることが示された。児童が多様な教材を通して道徳的価値に関わる諸事象を自分事と受け止め、自分との関わりで考える主体的・対話的で深い学びが求められる。そして、自分の考え方、感じ方を明確にもち、友達との話合い活動などの対話的な学習を通して、道徳的価値の自覚を深めることが大切である。「議論する」とは、ある問題について互いの考えを述べ合うこと、多様な考え方や感じ方に出合って自分の考え方、感じ方を深めることである。

　「考える道徳」「議論する道徳」の具現化には、授業者がねらいとする道徳的価値についての理解を深め、授業者自身が道徳的価値について考えさせたいことを明らかにして日々の道徳教育を行うことが大切である。これらの指導により、児童によさが見られるようになる。一方で新たな課題も見えてくる。これにより、授業者の児童に「さらに考えさせたいこと」が込み上げてくる。このことこそが、児童に授業において考えさせるべきことであり、教材活用の視点にもなるものである。

　道徳科の授業においては教材が果たす役割は大きい。しかし、教材を効果的に活用するためには、その基盤となる児童に考えさせなければならないこと、言い換えれば授業者の明確な指導観を確立することが重要である。他教科と異なり、道徳科は教師の指導観により多様な学習展開が考えられる。仮に、同じ教材を用いたとしても、授業者の思いや児童の実態によって、授業が多様な展開になることはむしろ当然と言える。

　そうした意味で道徳授業は実に難しいものである。しかし、それ以上に、目の前の児童の実態に応じて多様な展開ができるという面白さがある。全国の多くの学校で、児童が道徳的価値を自分事として目を輝かせて考える姿が見られるようになってほしい。こうした授業改善の充実を図る上で、本書における多くの指導事例が参考になれば幸いである。

　また、本書の上梓に当たって、ご尽力賜った東洋館出版社、ご担当の近藤智昭氏、村田瑞記氏に心より謝意を表するところである。

平成30年2月吉日　赤堀 博行

小学校

考え、議論する道徳科授業の新展開　高学年

もくじ Contents

はじめに　*1*

理論編

考え、議論する道徳科授業を目指して　……………………… *5*

　高学年における道徳科の特質　*6*
　考え、議論する道徳科授業の基本的な考え方　*12*
　高学年における多様な授業展開　*20*

実践編

第5学年　考え、議論する道徳科授業の新展開 ………… *27*

A　主として自分自身に関すること

　　うばわれた自由［善悪の判断、自律、自由と責任］　*28*
　　心のししゅう［正直、誠実］　*32*
　　流行おくれ［節度、節制］　*36*
　　明の長所［個性の伸長］　*40*
　　ヘレンと共に［希望と勇気、努力と強い意志］　*44*
　　トロヤを自分の手で［真理の探究］　*48*

B　主として人との関わりに関すること

　　くずれ落ちただんボール箱［親切、思いやり］　*52*
　　黄熱病とのたたかい［感謝］　*56*
　　ことばの真実［礼儀］　*60*

知らない間のできごと［友情、信頼］　64
　　　銀のしょく台［相互理解、寛容］　68

　C　主として集団や社会との関わりに関すること
　　　お客様［規則の尊重］　72
　　　愛の日記（沢田美喜）［公正、公平、社会正義］　76
　　　牛乳配り［勤労、公共の精神］　80
　　　卵焼き［家族愛、家庭生活の充実］　84
　　　森の絵［よりよい学校生活、集団生活の充実］　88
　　　人間をつくる道 ―剣道―
　　　　［伝統と文化の尊重、国や郷土を愛する態度］　92
　　　ペルーは泣いている［国際理解、国際親善］　96

　D　主として生命や自然、崇高なものとの関わりに関すること
　　　猛火の中で［生命の尊さ］　100
　　　ひとふみ十年［自然愛護］　104
　　　百一才の富士［感動、畏敬の念］　108
　　　マザー・テレサ［よりよく生きる喜び］　112

実践編

第6学年　考え、議論する道徳科授業の新展開 ……… 117

A　主として自分自身に関すること
　　　頂上はすぐそこに［善悪の判断、自律、自由と責任］　118
　　　手品師［正直、誠実］　122
　　　ホームステイ［節度、節制］　126
　　　勇太への宿題［個性の伸長］　130
　　　小川笙船［希望と勇気、努力と強い意志］　134
　　　天から送られた手紙［真理の探究］　138

B　主として人との関わりに関すること
　　　最後のおくり物［親切、思いやり］　142
　　　和井内貞行［感謝］　146

気持ちと言葉［礼儀］　**150**
　　ロレンゾの友達［友情、信頼］　**154**
　　ブランコ乗りとピエロ［相互理解、寛容］　**158**

C　主として集団や社会との関わりに関すること

　　星野君の二るい打［規則の尊重］　**162**
　　ぼくは後悔しない［公正、公平、社会正義］　**166**
　　母の仕事［勤労、公共の精神］　**170**
　　はじめてのアンカー［家族愛、家庭生活の充実］　**174**
　　ひるがえる校章旗［よりよい学校生活、集団生活の充実］　**178**
　　米百俵［伝統と文化の尊重、国や郷土を愛する態度］　**182**
　　脊振の空は広く［国際理解、国際親善］　**186**

D　主として生命や自然、崇高なものとの関わりに関すること

　　手のひらのかぎ［生命の尊さ］　**190**
　　日本の心［自然愛護］　**194**
　　青の洞門［感動、畏敬の念］　**198**
　　真海のチャレンジ［よりよく生きる喜び］　**202**

編著者・執筆者一覧　**206**

理論編 実践編

考え、議論する道徳科授業を目指して

高学年における道徳科の特質

1 道徳科の目標

　道徳科の目標は、これまでの「道徳的価値の自覚及び自己の生き方についての考えを深め」ることについて、道徳的価値について自分との関わりで理解し、それに基づいて内省し、多面的・多角的に考えることなどの趣旨を明確化するため、「道徳的諸価値についての理解を基に、自己を見つめ、物事を多面的・多角的に考え、自己の生き方についての考えを深める」とした。また、育成を目指す資質・能力を明確にするために、道徳的実践力を道徳的な判断力、心情、実践意欲と態度として示した。
　今次の学習指導要領の改訂において明示された、道徳科において行うべき学習を具体的に解説する。

2 道徳科の特質

(1) 道徳的諸価値についての理解
　道徳授業は、ねらいとする一定の道徳的価値を中心に学習する。道徳的諸価値と示しているのは、年間の授業において、学習指導要領に示された内容項目に含まれる様々な道徳的価値について考える学習を展開するからである。様々な道徳的価値を理解する理由は、児童が将来、様々な問題場面に出合った際に、その状況に応じて自己の生き方を考え、主体的な判断に基づいて道徳的実践を行うことができるようにするためである。
　道徳的価値とは、我々がよりよく生きるために必要とされるものであり、人間としての在り方や生き方の礎となるものと考えられている。道徳的価値は例えば、「親切」「感謝」「正直」などがあり多様であるが、学校教育ではこれらのうち児童の発達の段階を考慮して、一人一人が道徳的価値観を形成する上で必要なものを内容項目として取り上げている。内容項目には必ず道徳的価値が含まれているが、内容項目により含まれる道徳的価値の数は異な

る。
　例えば、C「規則の尊重」には、「規則遵守」「公徳心」「権利」「義務」といった複数の道徳的価値が含まれているが、A「個性の伸長」に含まれている道徳的価値は、「個性伸長」だけである。このことから、低学年のC「規則の尊重」を指導する場合には、指導を行う際には2主題で授業を展開するなどの工夫が必要になる。
　なお、今回の改善では、内容項目に「善悪の判断、自律、自由と責任」「親切、思いやり」「規則の尊重」「生命の尊さ」など、その内容を端的に表す言葉を以下のように付記している。中学校の内容に付記された文言は表現が異なっているものもあるので留意されたい。

(小学校)
A　主として自分自身に関すること
[善悪の判断、自律、自由と責任] [正直、誠実] [節度、節制] [個性の伸長]
[希望と勇気、努力と強い意志] [真理の探究]
B　主として人との関わりに関すること
[親切、思いやり] [感謝] [礼儀] [友情、信頼] [相互理解、寛容]
C　主として集団や社会との関わりに関すること
[規則の尊重] [公正、公平、社会正義] [勤労、公共の精神] [家族愛、家庭生活の充実]
[よりよい学校生活、集団生活の充実] [伝統と文化の尊重、国や郷土を愛する態度] [国際理解、国際親善]
D　主として生命や自然、崇高なものとの関わりに関すること
[生命の尊さ] [自然愛護] [感動、畏敬の念] [よりよく生きる喜び]

　道徳的価値を理解することは、児童が将来、様々な問題場面に出合った際に、その状況に応じて自己の生き方を考え、主体的な判断に基づいて道徳的実践を行う上で不可欠である。答えが1つではない問題に出合ったときに、その状況においてよりよい行為を選択できるようにするためには、多数の道徳的価値について単に一面的な決まりきった理解ではなく、多面的・多角的に理解しておくことが求められる
　具体的には、第1に、道徳的価値を人間としてよりよく生きる上で意義深いということ、大切なことであると理解することである。これを「価値理解」と言う。例えば、「よく考えて度を過ごさないように生活することは大切なことである」「相手の気持ちを考えて親切にすることは人間関係を良好に保つ上で必要なことである」などと理解することである。
　また、道徳的価値は人間としてよりよく生きる上で大切なことではあるが、それを実現することは容易なことではないといった理解も大切になる。これを「人間理解」と言う。
　具体的には、「自分自身が誠実に振る舞うことは大切であるが、ともすると自分の良心を偽ってしまうこともある」「公共の場所では周囲への配慮が必要であるが、つい自己中心的な考えで行動してしまうことがある」などと理解することである。
　さらに、道徳的価値を実現したり、あるいは実現できなかったりする場合の考え方や感じ方は、人によって異なる、また、状況によっては1つではないということの理解も求められる。これを「他者理解」と言う。

道徳的価値の意義や大切さといった価値理解と同時に人間理解や他者理解を深めていくようにすることが重要である。道徳科の授業において道徳的価値の理解を図ることは不可欠であるが、具体的にどのような理解を中心に学習を展開するのかは、授業者の意図によることは言うまでもない。学級の自立した人間として他者と共によりよく生きるための基盤となる道徳性を養うには、道徳的価値について理解する学習を欠くことはできない。

　なお、道徳的価値の意義やよさを観念的に理解させる学習に終始することは一面的な理解にとどまるとともに、ともすると道徳的価値に関わる特定の価値観の押し付けになることにもつながりかねないので留意しなければならない。

(2) 自己を見つめる

　道徳授業で最も大切なことは、児童が道徳的価値を自分との関わりで考えられるようにすることである。人間としてよりよく生きる上で大切な道徳的価値を観念的に理解するのではなく、自分事として考えたり感じたりすることが重要である。

　「自己」とは、客観的に自分自身を見たときの個と考えられることが多い。「自己を見つめる」ということは、自分自身を客観的な立場から見つめ、考えることと言える。つまり、外側から自分自身を見つめることである。この場合の自分自身とは、現在の自分のありのままの姿と同時に、現在の自分が形成されるに至ったこれまでの経験やそれに伴う考え方、感じ方なども包括している。道徳科の授業においては、一定の道徳的価値を視点として、自分自身の今までの経験やそれに伴う考え方、感じ方などを想起し、確認することを通して自分自身の現状を認識し、道徳的価値についての考えを深めることが大切である。

　こうした学習を通して、児童は、道徳的価値に関わる自らの考え方、感じ方を自覚し、自己理解を深めていくのである。このように、自分の現状を認識し、自らを振り返って成長を実感するなど自己理解を深めることは、児童自身がねらいとする道徳的価値を視点として、これからの課題や目標を見付けたりすることにつながる。

(3) 物事を多面的・多角的に考える

　「多面的・多角的に考える」ことは、新たに追記された文言である。はじめに、「多面的に考える」ことを考察する。困っている人に手を差し伸べることは一般的には大切なことと言える。しかし、場合によっては手を差し伸べることがかえって不親切になることもある。

　『女の子と母親』（文部省「小学校　道徳の指導資料とその利用3」1980年）という高学年を対象として作成された読み物教材がある。

　主人公（高学年の女子）が日曜日に公園に写生に出かける。主人公は、遊んでいる子供たちのじゃまにならない木陰のベンチを選んで写生を始める。すると、黄色い靴をはいた幼女がよちよちと主人公に向かって近付いてくる。主人公が（あっ、そこにくぼみがあるのに…。）と、思ったとたんに足をとられて転倒する。幼女は、転んだ瞬間は泣かなかったが、顔を上げて、主人公を見たとたんに泣き出してしまった。主人公は、幼女に近寄って抱き起

こし、手の平や服などの汚れをはらう。幸いけがはなかったが、幼女は前よりも大きな声で泣き出す。主人公は戸惑いながら周囲を見渡すと、少し離れたところに幼女の母親らしい人が様子をうかがっていることに気付く。母親は主人公に向かって軽く会釈をする。

　母親の存在に気付いた幼女は、先ほどよりも足早に母親のもとに歩き出す。そして、幼女は母親の2、3メートル手前で再び転倒する。主人公は、母親がすぐに抱き起こすだろうと思ったが、母親は一言、二言女の子に向かって声をかけただけで一向に抱き起こそうとしない。主人公は疑問を感じつつ様子を見ていたが、いつになっても手助けしようとしない母親の様子から、幼女は自分の力で立ち上がり、母親にすがり付いて行った。その様子を見た主人公は、「なるほど」と思うのだった。

　主人公の「なるほど」は、女の子の自立のためには手を差し伸べることではなく、手を差し伸べずに見守るということも大切ということに気付いたということである。相手の立場や気持ちを考えて手を差し伸べることも親切であるが、見守ることも親切と言えるのである。

　このように、親切にすることは大事なことではあるが、状況によっては親切にすることが難しい場合も少なくない。また、親切にできないこともあり得る。人間にはよいと分かっていてもできない弱さがある。人間としてよりよく生きていくためには、こうしたことを理解することも必要である。つまり、親切を様々な面から考察し、親切についての理解を深められるよう多面的に考えることが大切なのである。

　多面的に考えるとは、道徳的価値やそれに関わる事象を一面的ではなく様々な側面から考察するということである。

　次に「多角的に考える」ことについて吟味したい。例えば、誰に対しても分け隔てなく公正、公平に振る舞うことは、人間としてよりよく生きる上で大切なことは言うまでもない。しかし、公正、公平な振る舞いは、公正、公平といった道徳的価値だけで考えられるものではない。

　『ぼくはこうかいしない』（文部省「小学校　道徳の指導資料　第3集」（第6学年）1966年）という第6学年を対象として「公正、公平」について考えさせるために作成された読み物教材がある。概要は次の通りである。

　登校する三郎の心は重かった。それは、明日の学級会で親友の正夫にとって厳しい議題になりそうだったからである。議題は、学級会の前日の放課後に進行係など7人が学級の問題を整理して決めることになっていた。今回最も多かった問題は、学級の新聞係への注文と学級のボールの使い方だった。その提案は、学級のボールを特定の人がいつも持ち出すので学級全員が使いにくい、今後はボールを持つ人を順番にしようという提案だった。どちらの問題を取り上げるかを投票で決めることになった。三郎は迷った。新聞のことも大切だが、多くの級友がボールについて不満をもっていることも承知していた。ところが、ボールをいつも持ち出すのは三郎の親友の正夫なのだ。三郎はボールの問題を取り上げたくなかったが、議題に決まった。三郎がボールの問題に投票したことで決まったのだ。

　学級会が始まり、三郎が提案理由を述べることになった。三郎は説明しながら正夫の方を

見ると、正夫は「どうして君がその問題でぼくを責めるんだ。」とでもいうようにじっと見つめていた。話合いの最中、正夫は歯を食いしばって心の動きを表に出さないような努力をしているようだった。

　学級会が終わると、三郎は、さっさと１人で下校した。正夫に何か言われるのがつらかったからだ。後ろから正夫の呼ぶ声が聞こえた。三郎は責める正夫を想像して、聞こえぬふりをして足を早めた。とうとう、正夫がかけ出して来て三郎と肩を並べた。正夫は明るい顔で息をはずませながら元気に話しかけてきた。その内容は、公正に振る舞った三郎を称賛するものだった。

　公正、公平に振る舞うためには、自分が所属する集団に対する適切な思いが大切になる。それは、学級であったり、学校であったり、地域社会などであったりする。つまり、「愛校心」や「郷土愛」などが関わってくる。また、公正、公平な態度の実現には、相手に対する思いやりや友達との関わりも大切になってくる。「親切」や「友情」についても考えなければならない。

　このように一定の道徳的価値について考えていく中で、異なる道徳的価値との関わりについて考えなければならないことも少なくない。一定の道徳的価値から関連する他の道徳的価値に広がりをもたせて考えるようにする多角的な理解も大切なのである。

　このように物事を多面的・多角的に考える学習を通して、児童一人一人は、価値理解と同時に人間理解や他者理解を深めたり、他の道徳的価値との関わりに気付いたりする。このような学習が、道徳的価値に関わる考え方や感じ方を深め、同時に自己理解をも深めることにつながっていくのである。

　道徳科においては、児童が道徳的価値の理解をもとに物事を多面的・多角的に考えることができるような授業を構想することが大切である。道徳的価値の理解は、道徳的価値自体を観念的に理解するような一面的なものではない。道徳的価値を含んだ事象を自分の経験やそれに伴う考え方、感じ方を通して、それらのよさや意義、困難さ、多様さ、他の道徳的価値とのつながりなどを理解することが重要になるのである。

(4)　自己の生き方についての考えを深める

　道徳授業の特質として第１に押さえるべきことは、児童が道徳的価値に関わる諸事象を自分との関わりで考えることである。児童が道徳的価値の理解を自分との関わりで図り、自己を見つめるなどの道徳的価値の自覚を深める学習を行っていれば、その過程で同時に自己の生き方についての考えを深めていることにつながる。道徳授業を構想するに当たっては、道徳的価値の理解を自分との関わりで深めたり、自分自身の体験やそれに伴う考え方や感じ方などを確かに想起したりすることができるようにするなど、特に自己の生き方についての考えを深めることを強く意識して指導することが重要である。

　授業構想に際しては、児童が道徳的価値の自覚を深めることを通して形成された道徳的価値観をもとに、自己の生き方についての考えを深めていくことができるような学習展開を工

夫したい。自己の生き方についての考えを深めるためには、例えば、児童がねらいとする道徳的価値に関わる事象を自分自身の問題として受け止められるようにすることが考えられる。

　公開研究会で、『友の肖像画』（文部省「小学校　道徳の指導資料とその利用3」1980年）の授業を参観した。授業者は、授業の導入で、児童が回答した友達についてのアンケート結果を示していた。授業中の児童は、授業者が提示するアンケート結果に興味津々であった。授業後に、その意図を尋ねると、「少し前に学年で実施したものがあったから」という回答であった。その授業の中心は、児童が登場人物に自我関与して、友情を実現することのよさや難しさを考えることであったが、児童は友達との関わりについて自分事として考えていた。これは、導入段階で、児童自身が回答したアンケートの結果を示したことで、「今日の授業は自分たちに関わりが深い」という認識をもつことができたからであろう。

　この事例から言えることは、多くの授業者が意図的か否かは別として、児童がねらいとする道徳的価値に関わる事象を自分自身の問題として受け止められるようにする手立てを講じていることが分かる。授業者自身が、児童が自分との関わりで考えられるような授業展開にしようという意図を明確にもつことで、児童が自己の生き方についての考えを深める学習を促すことにつながっていくのである。道徳授業では、児童にとって「自分事」の学習になることを期待したいところである。

(5)　道徳的な判断力、心情、実践意欲と態度を育てる

　道徳教育は、児童の道徳性を養う教育活動である。道徳性の様相は、道徳的な判断力、心情、実践意欲と態度である。道徳科の授業では、道徳性のいずれかの様相を育てることが目標になる。したがって、道徳科の授業のねらいには、授業者が養いたいと考えている道徳性の様相が含まれることになる。

　道徳授業の学習指導案のねらいに、「うそをついたりごまかしたりしないで、素直にのびのびと過ごせるようにする」、または「友達同士互いに理解し合い、助け合うことのよさに気付かせる」、あるいは、「働くことで社会に奉仕することの充実感を味わい、公共のために役立つことのよさを理解する」などと記されていることがある、これらのねらいからは授業者が育てたい道徳性が分からないため適切とは言えない。

　道徳授業のねらいは、道徳の内容と道徳性の様相を勘案した上で、1時間の授業の方向性が分かりやすく示されているものが望ましい。

　道徳性は、一朝一夕に養われるものではない。道徳授業を丹念に積み上げること、つまり、1時間、1時間の道徳授業を確実に行うことによって、徐々に、着実に道徳性が養われ、潜在的、持続的な作用を行為や人格に及ぼすようになるのである。学校の道徳教育の目標など長期的な展望と綿密な指導計画に基づいた指導が道徳的実践につながることを再確認したいところである。

考え、議論する
道徳科授業の基本的な考え方

❶ 「考え、議論する道徳」に向けた授業改善

(1) 授業改善の基本的な考え方

　今次の学習指導要領改正に先立って示された中央教育審議会答申「道徳に係る教育課程の改善等について」では、道徳授業の課題として、道徳の時間の特質を生かした授業が行われていない場合があることが挙げられ、読み物の登場人物の心情理解のみに偏った形式的な指導があることや、発達の段階などを十分に踏まえず、児童に望ましいと思われる分かりきったことを言わせたり書かせたりする授業になっているなど多くの課題が指摘された。

　学習指導要領改正に際して授業については、答えが１つではない道徳的な課題を一人一人の児童が自分自身の問題と捉え、向き合う「考える道徳」「議論する道徳」へと転換を図ることが示された。

　児童が多様な教材を通して道徳的価値に関わる諸事象を自分の問題と受け止め、それを自分との関わりで考える主体的・対話的で深い学びが求められる。そして、自分の考え方、感じ方を明確にもち、友達の多様な考え方、感じ方と交流する話合い活動などの対話的な学習を通して、道徳的価値の自覚を深めるようにすることが求められる。

　なお、「議論する」ことは、互いの意見を戦わせるとする捉え方もあるが、これは討論であり議論の１つの形態に過ぎない。「議論」とは、ある問題について互いの考えを述べ合うこと、多様な考え方や感じ方に出合って自分の考え方、感じ方を深めることである。

(2) 指導観を明確にした授業構想

　「考え、議論する道徳」の実現のためには、教師が内容項目についての理解を深め。それに基づいて児童のよさや課題を明らかにして、授業で何を考えさせたいのかその方針を焦点化する「明確な指導観」を確立することが何よりも重要である。指導観とは、次の３つの要素から成り立つ。これらの事柄は、学習指導案において「主題設定の理由」として示される。

① 価値観（ねらいとする道徳的価値について）

　1時間のねらいに即した授業を行うためには、授業者が、1時間で指導する道徳的価値を明確に理解し、自分なりの考え方をもつことが不可欠である。このことが、児童にねらいとする道徳的価値をどのように考えさせ、学ばせるかを方向付けることになる。

　この授業者の価値観は、学習指導案に「ねらいとする道徳的価値について」という表題で示されることから、当然、1時間の授業についての考え方であるが、同時に、授業者の教育活動全体で行う道徳教育の考え方を示すものである。

　具体的には、礼儀に関わる授業の学習指導案の「ねらいとする道徳的価値について」の箇所に、「…よい人間関係を築くには、まず、気持ちのよい応対ができなければならない。それは、更に真心をもった態度と時と場をわきまえた態度へと深めていく必要がある。」などの記述があれば、これは本時の指導に対する授業者の基本的な考え方であると同時に、授業以外で礼儀に関わる指導を行う際の考え方でもあるということである。

② 児童観（児童の実態について）

　授業者がこれまでねらいとする道徳的価値に関わってどのような指導を行ってきたのか、その結果として児童にどのようなよさや課題が見られるのかを確認する。その上で、ねらいとする道徳的価値に関してどのようなことを考えさせたいのか、どのような学びをさせたいのかを明らかにする。これが、児童観であり、授業の中心的な学習につながるものである。

③ 教材観（教材について）

　1時間の授業で教材をどのように活用するのかは、年間指導計画における展開の大要などに示されている。しかし、授業者のねらいとする道徳的価値に関わる考え方（価値観）や児童のねらいとする道徳的価値に関わるこれまでの学びと、そこで養われた道徳性の状況に基づいて、この授業で児童に考えさせたいこと、学ばせたいこと（児童観）をもとに、教材活用の方向性を再確認することが大切なことである。

2 道徳科における主体的・対話的で深い学び

　児童が人間としてよりよく生きるために、道徳的諸価値についての理解を深め、将来出合うであろう様々な場面、状況において何が正しいのか、この状況で行うべきことは何か、自分ができることは何かを考えられるようにすることが大切である。そのことが、道徳的価値を実現するために主体的に行為を選択し、実践しようとする資質・能力を身に付けていくことにつながる。

　そのために、道徳的価値の自覚を深める過程で児童が、道徳的価値を自分事として主体的に学ぶことの意味と道徳的価値に関わる自分の考え方や感じ方を結び付けたり、様々な対話

を通じて多様な考え方、感じ方に出合って考えを深めたり広げたりすることが重要になる。
　また、深めたり広げたりした道徳的価値に関わる考え方や感じ方をもとに、自己の生き方についての考えを深めようとする、学びの深まりも重要になる。児童は、このように、主体的、対話的に、深く学んでいくことによって、道徳的価値を自分の人生や他者や社会との関わりと結び付けて深く理解したり、自立した人間として他者と共によりよく生きるための基盤となる道徳性を自ら養ったりできるようになる。

3 道徳科における「主体的な学び」とは

　授業とは、知識や技能などの学問を授けることと言われている。授業を構想する際には、どのような知識や技能などを、どのように学ばせるのかを明確にすることが求められる。授業は、授業者である教師が主となって指導するものである。授業者である教師が、学習者である児童に考えさせるべきことや身に付けさせるべきことを明確にして授業を構想しなければならない。
　このように授業を主導するのは教師であるが、授業の中で行われる学習は児童が主体的に行うことが求められる。児童の主体性のない学びは、児童が知識や技能などを獲得する必然性を感じられなかったり、十分な切実感をもてなかったりするために、学習効果が得られにくい状況に陥ってしまうからである。児童は教師が設定した問題を自分の問題として切実感をもって捉え、その追究や解決を必然性をもって行うことによって、知識や技能などを効果的に獲得することが期待できる。
　道徳科の授業では、児童が学習対象としての道徳的価値を自分との関わりで理解し、道徳的価値を視点に自己を見つめ、自己の生き方についての考えを深めることで、道徳性を養うことが求められるのである。道徳科における主体的な学びとは、児童が自分自身と向き合い、道徳的価値やそれに関わる諸事象を自分事として考えることと言うことができる。

4 道徳科における「対話的な学び」とは

　道徳的価値の理解は、道徳的価値やそれを実現することのよさや難しさ、それに関わる多様な考え方、感じ方を理解することである。こうした理解を観念的ではなく、自分との関わりで実感を伴って行うことが重要である。
　例えば、相手の立場や気持ちを考えて親切にすることのよさを理解するためには、児童自身が親切という道徳的価値についての価値観、つまり親切についてどのような考え方、感じ方をしているのかを認識することが求められる。親切の意義やよさの受け止め方は、児童のこれまでの経験によって多様である。

ある児童は、自分が親切にされたときの温かさ、うれしさから親切のよさを認識していることが考えられる。また、ある児童は、自分が電車に乗っていたとき高齢者に席を譲ったことで謝意を受けた喜びから親切のよさを認識していることも考えられる。

　親切のよさや意義を理解するためには、まずもって親切という道徳的価値が自分と関わりがあるという認識をもつことが重要になる。このことが自分の意志で親切について考えようとする主体的な学びの基盤となるのである。そして、自分自身の道徳的価値に対する考え方、感じ方を吟味して、道徳的価値のよさや意義についての考えや自分自身の思いや課題を広げたり深めたりすることで、自己の生き方を深めるようにすることが求められる。

　道徳的価値に対する考え方、感じ方を吟味する際には、道徳的価値やそれを含んだ事象を一面的に捉えるのではなく、多面的・多角的に考えることが大切である。つまり、自分の考え方、感じ方の他にも、多様な感じ方、考え方があることを知り、それらと自分の考え方、感じ方を比較したり、検討したりすることによって、道徳的価値についての自分の考え方、感じ方のよさや課題を把握することができる。そして、このことが人間として生き方についての考えを深めることにつながるとともに、よりよく生きようとする意欲や態度を形成することになる。

　このような深い学びに必要なことは、多様な考え方、感じ方に出合うことであり、そのために対話的な学びが必要になるのである。

(1) 道徳科における対話的な学びの実際

　道徳科においては、児童が多様な考え方、感じ方に接する中で、考えを深め、判断し、表現する力などを育むことができるよう、道徳的価値に関わる自分の考え方、感じ方をもとに話し合ったり書いたりするなどの言語活動を充実することが求められている。

　対話とは、互いに向かい合って話し合うことで、2人で行う会話を指す場合に用いられることが多いが、複数の人物間の思考の交流やそれによって問題を追究していく形式といった考え方もある。

　道徳科の授業においては、先述の通り、道徳的自覚を深めるために多様な考え方、感じ方に出合うことが肝要であり、そのために自分自身の考え方、感じ方を交流することが不可欠となる。

　道徳の特別の教科化を進めるに当たって、「考え、議論する道徳」の追究が掲げられたが、道徳の時間でもそうであったように道徳科においてもまさに「議論」することが大切なのである。繰り返しになるが、「議論」については、互いに意見を戦わせるとする捉え方もあるが、これは討論であり、議論の1つの形態に過ぎない。「議論」とは、ある問題について互いの考えを述べ合うことであり、多様な考え方や感じ方に出合って自分の考え方、感じ方を深めることなのである。

(2) 対話の対象

　次に、対話的な学びにおける対話の対象について考えてみたい。授業の重要な特質は児童同士が学び合う集団思考を行うことである。児童が対話的な学びをどのようにするかと言えば、それは児童同士、あるいは児童と教師で行うことが基本となる。

　一方、道徳科では、指導の意図に応じて授業において家庭や地域の人々、または各分野の専門家などの積極的な参加や協力を得ることが求められている。いわゆるゲストティーチャーが参加する授業が行われることも少なくない。この場合は、児童とゲストティーチャーとの対話ということも考えられる。

　さらに、道徳的価値の自覚を深めるために活用する教材に登場する偉人や先人などの人物との対話も考えられる。児童がそれらの人物と向き合い、自分の思いを問いかけていく。当然ながらそれらの人物からの答えはない。しかし、児童は自分の問いかけに対して、偉人や先人はどのように答えるだろうかと考え、その答えを想像するのである。形の上では児童の自問自答ということになるが、それらの人物に真剣に向き合い、道徳的価値に関わる問題を追究しようとすることからこうした学びも対話的な学びと捉えることができるであろう。

(3) 多様な話合いの工夫

　議論には様々な形態がある。先述のように意見を戦わせ可否得失を論じ合う討論という形がある。また、ある問題について2人で話し合う対談・ペアトーク、小集団で問題について話し合うグループトーク、多数で問題を考え合う集団討議などが挙げられる。これらは、学校教育における学習で活用する対話的な学びと言うことができるであろう。

　小学校の段階では、議論を多様な形態による話合いとして捉え、授業者の指導の意図に基づいて適宜活用することが期待されている。

① 話合いの特質

　話合いは、昭和33（1958）年に道徳授業として道徳の時間が学習指導要領に位置付けられて以来、重要な指導方法として指導書や解説に示されてきた。

　道徳授業における話合いとは、一定の道徳的価値について児童相互に話合いをさせることを中心とする指導の方法とされてきた。この指導方法は、話すことと聞くことが並行して行われるので、道徳的な問題を介して道徳的価値についての理解を深め、自他の考え方、感じ方を比較、検討する中で、自分の考え方、感じ方のよさや課題に気付くことができる。このことから、道徳的な思考を確かなものにする上で効果があるとされてきた。

　話合いを展開していくときには、教師の発問や助言が児童の学習活動を方向付ける要因となる。そのため、道徳的価値に関わる児童の実態をもとに、児童に考えさせるべきことを明確にするとともに、児童の発達の段階や経験に即した用語や内容を考慮することが大切になる。児童が何を考え、何を目指して話し合うのかが理解できるようにすることが必要である。したがって、教師の発問や助言が極めて重要になる。一人一人の児童の発言を大切に

し、問い返しなどを行うことにより児童の考え方、感じ方を深めるようにすることが求められるのである。

　また、話合いを深めていくためには、教師が、児童の発言の根拠や背景を探っていくことが大切になるが、児童同士が互いに考えをよく聞き合い、授業でねらいとする道徳的価値を自分の問題として受け止め、これまでの自分の経験などを十分に考えた上で発言するように指導することも必要となる。

　話合いに当たっては、授業者が児童の実態などに基づいて、ねらいとする道徳的価値について何をどのように考えさせるのかを明確にして、読み物教材や視聴覚教材などの内容から話題を設定したり、日常生活の具体的な問題、社会生活における時事的な問題などの内容を話題としたりすることが考えられる。その際、それらの話題が学級の児童の共通の話題となるようにすることが大切である。また、児童が自分事として考えたくなるような事柄を取り上げるようにすることなどの配慮が求められる。

② 話合いの態様
　話合いの態様は、授業者がどのような目的で話合いをさせたいのか、どのような内容について話し合わせたいのかによって異なる。
　例えば、道徳的価値に関わる自分の考え方、感じ方を明確に表明し合い、互いの考え方、感じ方を比較させることにより、そのよさや課題を明確にさせようとする意図であれば、2人で話し合うペアトークを活用することが考えられるであろう。また、道徳的価値に関わる複数の考え方、感じ方と自分の考え方、感じ方を比較、検討することで考えを深めようとする意図であれば、小集団によるグループトークが考えられる。あるいは、道徳的価値に関わる考え方、感じ方の多様性について考えさせようとする意図であったり、1つの問題を大勢で追究しようとする意図であったりする場合には、学級全体での話合いが適当ということになる。
　このように、対話的な学びとして話合いを行う場合には、授業者の明確な指導観に基づく綿密な授業構想が不可欠になるのである。

③ 話合いを行う際の留意点
　道徳科の授業においてどのような指導方法を工夫したとしても、学習においては教師対児童、児童相互の対話的な学びである話合いが行われるであろう。話合いには決まった形があるということではない。授業者が道徳的価値の理解をもとに自己を見つめ、物事を多面的・多角的に考え、自己の生き方についての考えを深めるためにどのように話合いを行うことが必要なのか、明確な指導観をもつことが求められる。話合いを取り入れる際は、次のような事項に留意する必要がある。
㋐ 話合いの目的を明確にする
　授業者は、児童に何のために話合いをするのか、その目的を明確に示すことが大切であ

る。児童が道徳的価値に関わる諸事象を自分事として主体的に考えられるようにするためには、児童自身が学習することへの切実感と学習に対する見通しをもてるようにすることが肝要である。

　例えば「自分の考えをしっかりと伝えるために、隣の友達と話し合ってみましょう」「自分の考えと友達の考えを比べるために、グループで話し合ってみましょう」などと対話的な学びの目的を明確に示すことで、児童の学びはより深いものになっていく。

㋑　児童の主体性を促す

　授業者が特定の児童との対話を繰り返すことで、他の児童が傍観者となってしまっている様子を見ることがある。授業者と特定の児童との対話であっても、周囲の児童がただそれを見ているだけ、あるいは、聞いているだけでよいというものではない。「もしも自分が授業者と対話をしていたとすればどのように考えるだろうか」という意識をもって対話を見聞することが必要である。

　授業者は「これから私はAさんと対話をします。みなさんはもし自分がAさんだったらどう答えるかを考えながら聞きましょう」などと指示を出すことが大切となる。特定の児童との対話の後に、他の児童からの意見や感想を取り上げるなどして対話的な学びを深めるようにしたい。

㋒　話題を吟味し明確にする

　話合いの話題は、教師が提示することが大切である。道徳科の授業において児童に考えさせることは、指導内容や児童の実態などをもとに教師が決めるものである。このことは教師の恣意的な指導を意味しているのではない。児童の実態をもとにねらいとする道徳的価値についてどのように考えさせる必要があるのかを明確にしなければならない。授業というものは教師主導で行うものである。しかし、授業の中で行われる学習は児童が主体でなければならない。道徳科の学習は、一人一人の児童が道徳的価値についての考え方や感じ方を深めるなど、道徳的価値の自覚を深めることが求められるのである。自覚は他者からさせられるものではなく、自分自身でするものである。児童がねらいとする道徳的価値に関わる自分の考え方、感じ方を想起し、教師や友達などとの対話的な学びを通して、それらを深めていくことが重要となる。

④　話合いを適切に調整する

　話合い自体が優れたものであっても、本時のねらいとする道徳的価値から逸脱したものであっては、望ましいものとは言えない。授業者は、話合いの目的を児童に明確に伝えるとともに、必要に応じて適切な助言を行い、話合いの方向性を修正するなど、対話的な学びを促すようにすることが大切である。

⑤　個々の価値観を大切にする

　小集団による児童相互の話合いで重要なことは、一致した結論に到達する合意形成を目指

すものではなく、小集団という親密な関係の中で行われる対話的な学びを通して、一人一人の児童が自分自身の考え方、感じ方をより深い確かなものにしていくということである。

　以上、道徳科の基本的な考え方をもとに、道徳科における対話的な学びについて述べたが、児童が他者とともによりよく生きることができるようにするためには、他者との考え方、感じ方の交流が大切であり、対話が重視されなければならない。そのためには、他者の思いに寄り添い、それを尊重しようとする姿勢が求められる。道徳科における対話的な学びの根底には、こうした姿勢が不可欠である。道徳科の授業はもとより、日頃から児童が他者を尊重し、温かな人間関係を構築できるように指導することが肝要である。

5 道徳科における「深い学び」とは

　児童が自らの意志でねらいとする道徳的価値を視点に自分自身と向き合い、自分の考え方、感じ方を明らかにし、その上で、教師や友達などとの対話や協働を通して考え方、感じ方の多様性に気付く。道徳的価値やそれに関わる諸事象を多面的・多角的に考えることで自分自身の考え方、感じ方を深めることが、道徳的価値に関わる思いや課題を培うことにつながる。児童自身が「自分はこうありたい、そのためにはこのような思いを大切にしたい、このような課題を解決したい」などの願いをもてるようにする学びが深い学びである。

　主体的・対話的な学びを深い学びにつなげるためには、道徳科の目標に示されている通り、自己を見つめ、自己の生き方についての考えを深める学習を行うことである。児童は道徳的価値の理解を実感をもって行うことで自己を見つめたり、自己の生き方を考えたりする学習を行っていると言える。このような学習をより確かなものにするためには、道徳的価値を視点に自分自身の具体的な経験やそれに伴う考え方、感じ方を想起し、道徳的価値に関わるよさや課題を把握することができるような学習を設定することが求められる。このことで一連の学習が深い学びにつながるのである。

■よりよい授業を構想するために

　道徳授業は児童が将来に生きて働く内面的な資質である道徳性を養うものである。そのために、道徳的価値についての理解をもとに、自己を見つめ、物事を多面的・多角的に考え、自己の生き力についての考えを深める学習を行うものである。

　学習指導案を構想した際には、改めて学習指導過程の中にこうした学習が位置付いているか否かを確認したい。また、児童自身が考え方、感じ方を明確にし、今後の生き方につなげることができる学習になっているか否かを、常に確かめながら授業改善を図ることが大切である。

高学年における多様な授業展開

1 登場人物への自我関与を中心とした学習の工夫

　道徳科における重要な学習として、道徳的価値の理解がある。道徳的価値の理解は、道徳的価値のよさや大切さを観念的に理解することではない。児童が道徳的価値を実感を伴って理解できるようにすることが必要である。実感とは、児童自身が実際に道徳的価値に接したときに受ける感じであり、児童自身が道徳的価値やそれに関わる事象を自分事として考えることが重要である。道徳授業におけるこうした考え方は不易と言える。道徳の教科化に際して、「道徳授業では、自分だったらと問うたらどうだろうか」という意見があったが、こうした意見は道徳授業の特質を理解した上での意見とは言えない。道徳授業での思考は、常に「自分だったら」ということが基本となるからである。

(1)　道徳科で教材を活用する理由
①　焦点化した集団思考を促す
　児童が道徳的価値を自分との関わりで理解する場合には、一人一人の児童自身の経験をもとに考えさせることが極めて有効である。しかし、例えば学級に30人の児童が在籍していれば、道徳的価値に関わる児童の経験は、少なくとも30通りあるということになる。そして、それらの1つ1つの経験には、それぞれ様々な考え方、感じ方に根差している。
　例えば、親切に関わる経験として、「電車の中で高齢者に席を譲る」「バスの中で乳児を抱いた母親に席を譲る」「両手に荷物を持っている人のために扉を開ける」など、児童によって多様である。また、そうした親切な行為の背景も「ゆっくりしてほしい」「赤ちゃんが心配」「荷物が重そう」など多様である。これらの経験やそのときの感じ方や考え方について、45分の授業の中で1つ1つ取り上げて学習を展開することは容易ではない。
　そこで、児童がねらいとする道徳的価値の理解を、自分との関わりで行い、多様に考えを深め、学び合えるような共通の素材をもとに学習を展開する。特に、授業の特質の集団思考を促すためには、1時間のねらいとする道徳的価値に関わる問題や状況が含まれている共通の素材として教材を活用することが有効である。

② 児童が伸び伸びと考えられるようにする

　読み物教材の登場人物に自我関与するということは、登場人物が置かれた状況で、「もしも自分だったらどうか」と自分事として考えるということである。
　高学年の正直、誠実の実践例をもとに考えたい。授業者は、児童が自分自身に対する誠実さが自分の内面を満たすだけではなく、誠実に生きようとする気持ちが外に向けても発揮されるようにしたいと考えた。これが授業者の価値観である。
　そして、日頃の道徳教育の結果、児童は様々な場面で自分の思いや気持ちに誠実に振る舞うことが明るい生活につながることが理解できるようになった。しかし、ともすると私利私欲から自分自身にも他者に対しても不誠実な言動をとってしまうことが課題となった。このような実態から、授業者は、児童に自分自身に対して誠実に振る舞うことのよさを考えさせ、誠実に、明るい心で生活しようとする態度を育てたいと考えた。これが児童観である。
　この児童観に基づき、高学年の読み物教材『手品師』（文部省「小学校　道徳の指導資料とその利用1」1975年）を活用した。
　授業者の児童観は、自分自身に対して誠実に振る舞うことのよさを考えさせることであり、授業の中心は児童が手品師に自我関与して、大劇場への出演と男の子との約束履行とで迷った末に、自分自身の誠実にしたときの思いを自分の体験やそれに伴う考え方、感じ方をもとに類推する学習である。そこで、授業者は中心発問を「たった1人のお客様である少年の前で手品を演じているとき、手品師はどんな気持ちだったか」と設定した。
　中心発問における学習を充実させるために、授業者はかわいそうな人に対する自分の思いを考えさせる問いと小さな約束と自分の夢の実現との葛藤を考えさせる問いを設定した。
○かわいそうな人に対する自分の思い
　➡両親をなくしたというかわいそうな男の子の話を聞いた手品師はどんなことを考えたか。
○小さな約束と自分の夢の実現との間で葛藤するときの思い
　➡男の子との約束と大劇場への出演で迷う手品師の心の中はどうだったか。
　これらの問いで児童に考えさせたいことは、不幸な人に対する自分の正直な思いであり、自分が交わした約束の履行と夢の実現とで迷う思いであり、教材の中の手品師の思いを推し量ることではない。

(2) 「自分だったらどうか」と問うことについて

　道徳科の学習は、ねらいとする道徳的価値に関わることを児童が自分事として考えていく学習を行う。そうであれば、「たった1人のお客様である少年の前で手品を演じているとき、手品師はどんな気持ちだったか」などと問わないで、「もし自分だったら、自分の気持ちに誠実に振る舞っているときはどんなことを考えるか」と問うた方がよいという意見がある。例えば、5年生の児童に「あなただったら自分の夢よりも自分で交わした小さな約束を果たしているときはどんなことを考えますか」と問うたとしたら、どのような反応があるだろうか。児童Bは、「ぼくは、男の子が喜んでくれて本当によかったと思います。後悔の気

持ちは少しもありません」と発言をした。すると、他の児童が「B君は休み時間に低学年に遊び場を譲った後に、譲らなければよかった、失敗したといつまでもくどくど言っていたから。後悔がないなんで嘘です」と発言した。それを聞いた児童Bは下を向いて、その時間に発言することはなかった。児童Bの発言はどのような意味があったのだろうか。

　「もしもあなただったら」と直接的に問われたことで、児童が「本当はこう思うけどちょっと言えないな」「この場合は、どのように答えればよいのだろうか」という思いで学習が展開したとすれば、ねらいとする道徳的価値に真正面から向き合い、自分事として伸び伸びと考えることができるだろうか。望ましいと思われること、きまりきったことの表明に終始する授業になることが懸念されるのである。

　「たった1人のお客様である少年の前で手品を演じているとき、手品師はどんな気持ちだったか」と問われた児童は、「迷った末に自分で決めたことをしているときは、どんな思いだろうか、主人公は手品をしながらいろいろなことを考えただろう、どんなことを考えただろうか、自分だったら…」というように自分自身と向き合っていく。そして、児童が導き出す答えは、これまでの自分自身の体験やそれに伴う考え方や感じ方なのである。つまり、道徳授業の問いは、全てが自分だったらということが大前提なのである。児童は、登場人物に託して考えられることで自分の考えや思いを誰にはばかることなく主体的に表明できる。これは、以下に示す、問題解決的な学習や道徳的行為に関する体験的な学習においても基盤となることである。道徳科の授業改善を行う際には、このことを周到に押さえる必要がある。

2 問題解決的な学習の工夫

(1) 道徳科における問題解決的な学習の基本的な考え方

　道徳的価値の自覚を深める道徳科の授業を考えたときに、児童自身が積み上げてきた道徳的価値に関わる学びやそれによって深められた道徳的価値に関わる考え方、感じ方を生かした問題解決的な学習は指導法の1つの選択肢となり得る。

　道徳科における問題は、単なる日常生活の諸事象ではない。道徳的価値に根差した問題である。問題解決的な学習は、児童が問題意識をもって学習に臨み、ねらいとする道徳的価値を追究し、多様な考え方、感じ方をもとに学べるようにするために行うものである。そのためには、教師と児童、児童同士が十分に話合いをするなどの対話的な学びが大切になる。

　問題解決的な学習を展開する上で、最も大切なことは、何を問題にするかということである。問題解決的な学習の問題は授業者としての教師が考えるものである。授業において、指導内容や児童の既習事項、よさや課題などを勘案して何を考えさせたいか決めるのは教師である。児童中心と言いながら、教材文を提示した後に、「さあ、みなさん、教材文を読んでどんなことを話し合いたいですか」と問う教師がいる。「ぼくはここ」「私はここ」と児童に発言させながら、「いろいろと出てきましたが、今日はここについて話し合っていきましょ

う」と、あらかじめ問題にしたいと思っていたことを提示する授業を散見する。児童が主体的に学ぶというのはこのようなことではない。道徳科においては、「児童がいかに自分自身と向き合うか」「道徳的価値やそれに関わる事象を自分事として考えるか」ということである。

　他の教科のように何時間もかけた単元構成であれば、問題設定に時間をかけたり、学習の複線化を図ったりすることはできるが、道徳科の授業では教師が考えさせることをしっかりと設定することが重要である。そして、児童が自分の体験やそれに伴う考え方や感じ方をもとに自分なりの考えをもち、友達との話合いを通して道徳的価値のよさや難しさを確かめ、自分なりの答えを導き出すようにする、これが道徳科における問題解決的な学習である。問題解決的な学習は道徳性を養う道徳科の指導方法の1つであり、指導方法が目的化してしまうと、教科の本質が失われる。教師の明確な指導観が何よりも大切である。

(2)　問題解決的な学習の具体的な展開

　道徳科における問題解決的な学習の事例を、高学年のA「自由と責任」の指導をもとに示す。活用する教材は、文部省「小学校　読み物資料とその利用—『主として自分自身に関すること』—」1991年）に掲載されている『うばわれた自由』である。この教材は「私たちの道徳　小学校5・6年」にも取り上げられている。

① 　問題の設定（何を問題にするのか）

　道徳科の授業を問題解決的な学習で展開する場合、最も重要になることは何を問題にするかということである。それは、本事例の内容であるA「自由と責任」に関わる第5学年及び第6学年「自由を大切にし、自律的に判断し、責任のある行動をすること」である。授業者は、「自由と責任」について、自由と自分勝手を履き違えることなく、自由な考えや行動のもつ意味やその大切さを実感できるようにすることが重要であると捉え、自由を大切にすることのよさや難しさを感得できるように指導したいと考えていた。

　この考え方で、学校の教育活動全体で行う道徳教育として、特別活動の学級活動やクラブ活動などで自由と責任についての指導を重ねた結果、児童は自由な考え方や発想のよさを実感できるようになってきた。一方で、自分に都合のよい解釈で自分勝手な考えや行動を自由と主張する様子も見られた。これらの実態をもとに、授業者は、自由な考えや行動のもつ意味を再確認させたいと考え、「本当の自由とはどのようなものだろうか」という問題を設定した。

　問題解決的な学習では、授業者が児童に考えさせたいことが問題になる。問題解決的な学習で最も大切なことは問題である。それは、指導内容や児童の実態から考えさせなければならない必然性があるものだからである。

② 　問題の追究（どのように問題解決を図るか）

　問題を解決するための素材となるものは、児童自身が積み上げてきた自由と責任に関わる学びやそれによって深められた考え方、感じ方である。そして、授業の特質である集団思考

を促すために、児童一人一人の公徳に関わる考え方、感じ方を共通の土俵に乗せるために教材『うばわれた自由』を活用する。一人一人の児童が学習問題を自分事として考え、登場人物に自我関与を深めながら、自分なりの答えを追究してくことが重要である。

(3) 問題解決的な学習の配慮事項

問題解決的な学習は、単なる日常生活の諸事象ではない。ねらいとする道徳的価値に根差した問題を追究する。そして、問題を児童が自分の体験やそれに伴う考え方、感じ方をもとに、自分なりの考えをもって、そして友達と話し合う対話的な学びを通して、ねらいとする道徳的価値のよさや難しさなどを確かめていく。このときに大事なことは、「授業者の問い」である。何を考えさせるのかを明確にしなければならない。

道徳科における問題解決的な学習は、児童の考えを1つにまとめて、「こうですね」というように押し付けるのではなくて、児童一人一人が問題に対する答えを見付けていくような学習である。「今日は、『うばわれた自由』という物語を通して、本当の自由について考えてきましたが、みなさん一人一人がこれが本当の自由だと考えたり、感じたりしたことはありますか」というように、児童一人一人に返していくことが大切になる。道徳科における問題解決的な学習の問題には、「あなたにとって」という枕言葉が必須なのである。他の教科の問題は、答えが1つの方向に定まっていることが多いため、「あなたにとって」や「わたしにとって」ということは考えにくい。道徳科は考える方向性は同じであるが、答えを何か1つの方向にまとめていくということではなく、そこから「自分はどうだったのだろうか」と児童一人一人に返っていくことが大事なのである。

道徳科における問題解決的な学習は、「こうすればよい」という決まった形はない。授業者が指導内容や児童の実態から何を問題にし、児童がそれを自分の問題として捉え、自分事として考え、自分なりの答えを見付け出すことが重要である。

3 道徳的行為に関する体験的な学習

(1) 体験的な活動の基本的な考え方

道徳的行為に関する体験的な学習は、例えば、実際に挨拶や丁寧な言葉遣いなど具体的な道徳的行為をした上で礼儀のよさや作法の難しさなどを考えたり、相手に思いやりのある言葉を掛けたり、手助けをして親切についての考えを深めたりするなどの活動である。また、読み物教材の登場人物等の言動を即興的に演じて考える役割演技などを取り入れた学習もこれに当たる。これらの学習の目的は、体験や活動そのものではない。体験や活動を通じて、道徳的価値を実現することのよさや難しさを考えられるようにすることが重要である。

(2) 道徳科における体験的な表現活動

道徳科で、道徳的価値の自覚を深める学習を行う過程で、児童はねらいとする道徳的価値に関わる考え方、感じ方を表現し合う。児童が自分の考え方、感じ方を表現する活動として

は、発表したり書いたりする方法が広く行われているが、児童に教材中の登場人物の動きやせりふを模擬、模倣させて理解を深める工夫や児童に特定の役割を与えて即興的に演技する工夫などを試みている授業も多く見受けられる。表現活動の工夫としては、劇化や動作化、役割演技などが考えられる。

① 劇化

　劇化は、一般に小説や事件などを劇の形に変えることである。道徳科では、登場人物のねらいとする道徳的価値に関わる行為を含んだ読み物教材が広く用いられている。道徳科における劇化は教材の内容を劇の形に変えるもので、児童が道徳的価値を自分事として考えられるように、教材の内容や考えさせたい場面、状況を把握できるようにしたり、ねらいとする道徳的価値のよさやその実現の難しさなどを理解できるようにするために教材中の考えさせたい場面、状況を再現させたりすることを意図して行う。

② 動作化

　動作化は、教材中の登場人物の動作を模擬、模倣したり、それを反復したりすることである。動作化を行うことで、児童が登場人物になり切って、その考え方、感じ方などを自分事として考えることをねらいとしている。児童が登場人物への自我関与を深める上で有効な指導方法である。

　劇化や動作化についても、授業者が明確な意図をもって活用することが何よりも大切である。それと同時に、児童に演技や動作をさせる際には、演技や動作をする目的を児童に明確に示すことが必要になる。

③ 役割演技

　役割演技は、児童が道徳的価値の理解をもとに自己を見つめるなど、道徳的価値の自覚を深めるために、教材の登場人物などに自我関与して即興的に演じることである。このことで、児童がその人物などが対人的に、あるいは対集団的にどのような関わりがあるのかを自らの経験などをもとに認識し、問題解決に向かって考えようとする意欲や態度が養われる。そして、児童が道徳的価値について自分事として考え、話合いなどの対話的な学びにより多様な考え方、感じ方に出合うことになる。こうした学習が児童の体験として生かされ、将来出合うであろう様々な場面・状況において、望ましい人間関係の調整発展、集団への寄与などの道徳的実践となって表れることが期待できると考えられる。

　道徳科で役割演技を活用するねらいは、道徳的価値を理解したり、児童が自分との関わりで道徳的価値を捉え自己理解を深めたりすることである。そのために、児童に条件設定を行い、役割もたせて即興的に演技させたり、ねらいとする道徳的価値を自分の経験などをもとに考えたりする役割演技は有効である。また、演技後の話合いで道徳的価値の理解を深めることなど、道徳科の有効な指導方法と言える。役割演技を効果的に行うためには、授業者が役割演技の意義や特質をよく理解して、自らの指導観を明確にした上で活用することが重要である。

理論編　**実践編**

第5学年

考え、議論する道徳科授業の新展開

主　題	内容項目	主として自分自身に関すること
本当の自由	A　善悪の判断、自律、自由と責任	

第5学年
うばわれた自由

※⑥：第6学年掲載

出典 文部科学省「私たちの道徳　小学校5・6年」
文部省「小学校　読み物資料とその利用『主として自分自身のこと』」

1　ねらい

自由を大切にし、自律的に判断し、責任のある行動をしようとする態度を養う。

2　主題設定の理由（指導観）

● **ねらいとする道徳的価値（価値観）**

よいこと、正しいことについて、人に左右されることなく、自ら正しいと信じるところに従って、誠実かつ謙虚に行動することは、人として重要なことである。また、自己を高め、より豊かに生きていくためには、何ものにもとらわれない自由な考えや行動が大切である。他律によるものではなく、内から自覚された責任感のもと、自ら考え、判断し、実行するという自律性を伴った行動のよさについて考えさせたい。

● **児童の実態（児童観）**

自由とは何なのか、漠然としたイメージしかもっていない児童が多い。委員会活動や係活動では、目的に応じて自由にアイデアを出し合わせながら主体的に活動する経験をさせてきた。本当の自由とはどういうものなのか考えさせ、身の回りには自由に任されていることが多くあることに気付かせ、自由に任されている場面での自分の立ち振る舞いについての考えを深めさせたい。

3　教材について（教材観）

● **教材の概要**

自由をはき違え、わがまま勝手にふるまう王子ジェラールと、森の番人ガリューの物語である。

● **教材活用の視点**

自分を抑えることができず、自由のないろう屋に入れられてしまったジェラールに児童が自分自身を重ね合わせて、自律に支えられた本当の自由についての考えを深めさせる。

4　指導のポイント

実態から、児童の自由のイメージは漠然としたものである。それを明確なものにし、自律性の伴った自由のよさを理解させるために、問題解決的な学習を取り入れる。

学習指導過程

	学習活動（主な発問と予想される反応）	指導上の留意点
導入	**1 自由について考える** ○自由とはどういうことですか。 ・自分勝手にすること。 ・好きにしていいということ。 ○自由はよくないことなのでしょうか。	・ねらいとする道徳的価値について、自分事として考えられるようにするために、児童の自由に対するイメージを引き出し、学習問題につなげる。
	本当の自由とはどのようなものか考えよう。	
展開	**2 『うばわれた自由』を読んで、話し合う** ○「みんな、したいことをしたいようにできる自由な暮らしを望んでおるのだ」。ジェラールは、どんな思いで言ったのでしょう。 ・ガリューはうるさいな。 ・私は特別だ。 ・したいようにする暮らしがいい。 ○はらはらと涙を流したとき、ジェラールはどんなことを考えたでしょう。 ・なぜ、あのときガリューの話に耳を傾けられなかったのか。（後悔） ・自由を奪われてしまった。（絶望） ・自分のことしか考えていなかった。（自律性） ・国を乱してしまった。（責任） ◎ガリューに本当の自由を大切にしていきましょうと言われたとき、ジェラールはどんなことを考えたでしょう。 ・ガリューの言う通りだ。（謙虚） ・周りの人のことも考えて行動しよう。（自律性） ・わがままな行いは慎んで、王として頑張りたい。（責任） ・自由な環境を大切にしなければいけない。（感謝） **3 自己を見つめる** ○みなさんは、自由に任されていることについて、どんなことを大切に行動してきましたか。または、していきたいと感じましたか。 ・委員会で集会の内容を決めるのを任されたとき、1年生から6年生まで楽しめる活動について考えました。	・ジェラールに自我関与しながら自己を見つめさせるために、ジェラールの気持ちになって聞かせる。 ・自律性を伴わない自由について話し合わせる。 ・自由をはき違えていたことに気付いたジェラールに自我関与して話し合うことを通して、本当の自由についての考えを深めさせる。 ・正しい自由の使い方についての考えを深めさせる。 ・多面的・多角的に考えを深められるよう、ペアトークをしてから、全体で話し合う。 ・多面的・多角的な考えを分類して板書し、学習問題に対する答えを一人一人が見付けられるようにする。 ☆本当の自由の使い方についての考えを深めていたか。（発言） ・ノートに書く時間を十分にとることで、自分との関わりで、自由に任されていることについて振り返り、大切にしていきたいことについての考えを深められるようにする。 ☆自由に任されていることについて振り返り、大切にしていきたいことについての考えを深めていたか。（ノート）
終末	**4 教師の説話を聞く**	・児童の、自律的な判断のもと、責任をもって行動している姿を話して聞かせる。

うばわれた自由

板書計画

多面的・多角的な考えが見える板書の工夫

多面的・多角的な考えが視覚的に捉えやすいように、児童の発言を観点別に分類して板書する。

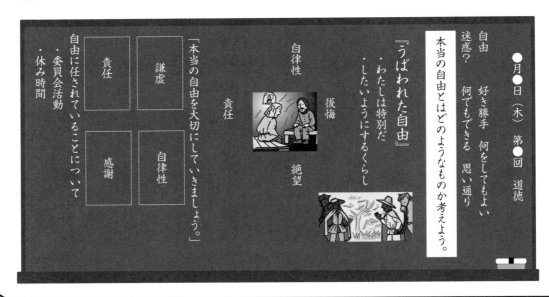

授業の実際

1 ねらいとする道徳的価値への導入

[導入]
T 自由とはどういうことですか。
C 好き勝手にしていいということ。
C 何でもできるということ。
C 何をしてもよいということ。
C 自分の思い通りにできる。
T それはいいことですか。
C 迷惑なこともある。
T 自由はよくないものなのかな。
C ううん…。(考える)
C いいこともある。
T みなさんは、自由に任されていることがたくさんあるはずです。
C (頷く)
T 自由とは、悪いものではなさそうですね。でも使い方を間違えるとよくないことになるようです。
C (考えている様子)

(学習問題を板書する)

本当の自由とはどのようなものか考えよう。

T それでは、今日は『うばわれた自由』というお話をもとに、みんなで話し合う中で、この問題について考えていきましょう。

※ジェラールに自我関与して考えさせるために、以下のように捉えて教材提示を行った。
T このお話には、森の番人のガリューという人と、この国の王になるジェラール王子という人が登場します。ジェラール王子になったつもりで聞いてください。

問題解決的な学習のポイント

友達と多面的・多角的に話し合って、一人一人の納得解を得られるようにする。

児童の実態から、自由に対する曖昧で漠然としたイメージを、明確にし、自由に任されている場面がたくさんあることを自覚させ、自律的に責任をもって行動してほしいと思い、この学習問題を立てた。

中心発問での話合いが、学習問題の答えとなるように発問構成を考えた。板書を見れば、一人一人の納得解が得られるよう、板書計画を立てる。振り返りでは、自分事として考えられるよう、自由に任されていることについて、想起させてから書く活動に入った。

2　問題解決から個々のまとめ

T　ガリューに「本当の自由を大切にしていきましょう」と言われたとき、ジェラールはどんなことを考えたでしょう。

C　ガリューの言う通りだ。自分の自由とはわがままで、周りの人のことも考えて行動しなければいけない。

C　１日も早くここから出てしっかりしたい。

T　しっかりとはどういうことですか。

C　きまりを守った上で、楽しいことをしたり、生活したりする。

C　国を混乱させてしまったから、今度は王として責任をもって国を平和にしたい。

T　（中心発問の板書を指さし）本当の自由について、考えがもてましたか。

C：（頷く）

T：みなさんには自由に任されていることがたくさんあります。委員会、係活動、休み時間の過ごし方、お小遣いの使い道。そういった場面で、どんなことを大切に行動してきましたか。または、していきたいと感じましたか。

自分事として振り返られるように投げかけ、ノートに書かせた。

………… 評価のポイント …………

自律性と責任を伴った自由についての理解と、自分たちに自由に任されていることがたくさんあることを自覚し、意欲的に活動していこうとする考えを深められたか、ノートの記述をもとに評価する。また、自己評価と記述を照らし合わせて、成長の様子を見取っていく。

うばわれた自由

主　題	内容項目	主として自分自身に関すること
誠実に行動する	A　正直、誠実	

第5学年

心のししゅう

その他

出典　文部省「小学校　読み物資料とその利用『主として自分自身のこと』」

1　ねらい

誠実に明るい心で生活しようとする心情を育てる。

2　主題設定の理由（指導観）

● ねらいとする道徳的価値（価値観）

誠実であることの大切さは、誰もが知っているが、高学年の複雑な人間関係や環境で、自分自身や周囲に対し誠実さを保つことは難しい。誠実さに裏付けられた明るい心で生活しようとする心情を育てたい。

● 児童の実態（児童観）

児童は、善悪の判断力が身に付き、正直であることのよさを理解はしているが、自己の利害や損得に関わるとき、うそをついたりごまかしたりすることがある。正直で誠実に行動できたときのよさを考えさせたい。

3　教材について（教材観）

● 教材の概要

まり子は、ししゅうが上手で、学校展覧会のためにししゅうを施したアルバムカバーを制作していた。しかし、忙しくてなかなか完成することができない。見かねた祖母が、ししゅうを済ませてしまった。そのアルバムカバーを出品したが、ほめられても、まり子は喜びを感じられない。帰り道、まり子は友達のみずえに事実を告白する。

● 教材活用の視点

誠実な行動の背景にある気持ちや心の動きを問題として、学級全体で考える。誠実に行動することのよさを考えるために、教材の主人公まり子に自我関与させる。そして、誠実に行動できなかったときには心から喜ぶことができない思いを考えられるようにしたい。

4　指導のポイント

一人一人の誠実な生き方や、行動の背景にある気持ちや心の動きに注目して、登場人物に自我関与させる学習を展開する。そこで、自己の生活を振り返る場面では、児童が誠実に行動できた経験を想起させる。教材を通して考えたことが自己の生活の振り返りにおいて生かされ、その行動の背景にあった気持ちについて考えさせる。

学習指導過程

	学習活動（主な発問と予想される反応）	指導上の留意点
導入	1　誠実に行動できた経験を発表し合う ○ごまかしたり嘘をついたりせずに行動してよかったと思ったことはあるか。 ・友達と遊ぶ約束が重なったときに、変に気を遣って嘘のことを言って断ろうとしたけど、傷付くかなと思ってみんなで遊んだことがあります。	・誠実という言葉は経験を想起しにくい。ねらいとする道徳的価値への方向付けを図るために、具体的な言葉で発問する。
展開	2　『心のししゅう』を読み、話し合う ○きれいに仕上がった作品を見て、まり子はどのような気持ちだったか。 ・自分で作ってないけれど、どうしよう。 ・おばあちゃんは悪くないけれど、困ったな。 ・まあいいか。 ○お母さんたちの声を聞いて、まり子はどんな気持ちだったか。 ・ばれたらどうしよう。 ・正直に言おうかな。 ・出す前にちゃんと言っておけばよかった。 ◎みずえに本当のことを話し終えたまり子は、どんな気持ちだったか。 ・正直に言えてよかった。 ・もっと早くから言えばよかった。 ・もう、ごまかすのはやめよう。 3　自分自身の生活に照らして考える ○ごまかしたり嘘をついたりせずに行動することは大切だと思ったことはあるか。	・中心発問を生かすために、ごまかしてはいけないことは分かっているが、つい、してしまう人間的な弱さを考えさせる。 ・嘘をつくことは相手に失礼というだけではなく、自分自身を偽ることであり、気持ちよく過ごすことができないことを考えさせる。 ・正直で誠実に行動できたときの気持ちを自分との関わりで考えさせる。 ・導入と同様の発問を行うことで、教材を通してねらいとする道徳的価値についてどれだけ考えることができたかを見取る。
終末	4　教師の説話を聞く	・教師自身が誠実に行動してよかった経験談を話す。 ・「3　自分自身の生活に照らして考える」場面において、児童が具体的場面を考えにくいとき、教師の経験談を先に話すことで、考えやすくなることもある。その際、教材と類似した経験ではなく、違う角度から誠実に行動できたと感じた場面を取り上げると効果的である。

主として自分自身に関すること

心のししゅう

板書計画

道徳的価値の理解と実現の難しさについて考える板書構成

　本時の主題である「誠実に行動する」を明示し、これまでの経験を想起して考えることができるような板書を構想する。

授業の実際

1　ねらいとする道徳的価値への導入

T　ごまかしたり嘘をついたりせずに行動してよかったと思ったことはありますか。
C　友達と遊ぶ約束が重なったときに、変に気を遣って嘘のことを言って断ろうとしたけど、傷付くかなと思ってみんなで遊んだことがあります。
T　何と言おうと思ったのですか。
C　「習い事がある」と言えばいいかと思ったのですが、友達に悪いなと思って、みんなで遊ぼうと提案しました。
C　僕は宿題を忘れたとき、先生に叱られると思ったけれど、正直に謝ったら、思ったより叱られなくてよかった。
T　正直に話し終えたときはどんな気持ちでしたか。
C　「言ってよかった」とすっきりしました。
T　すっきりした気持ちで生活したいですね。そのためには、自分に誠実であることが大切です。
C　誠実って何ですか。
T　誠実とは、真心をもって行動することです。具体的には、自分にも相手にも嘘をつくことなく、相手を思いやって行動することです。
C　真心か。難しそうだな。
T　今日は、『心のししゅう』という話をもとにして誠実について考えていきます。主人公のまり子さんが誠実に行動できなかったときの気持ちや考えについて想像していきましょう。
（教材提示）

自我関与を深める学習のポイント

「登場人物への自我関与」を促すため、以下のような発問を行っていく。

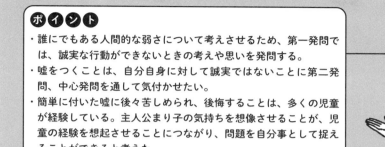

ポイント
- 誰にでもある人間的な弱さについて考えさせるため、第一発問では、誠実な行動ができないときの考えや思いを発問する。
- 嘘をつくことは、自分自身に対して誠実ではないことに第二発問、中心発問を通して気付かせたい。
- 簡単に付いた嘘に後々苦しめられ、後悔することは、多くの児童が経験している。主人公まり子の気持ちを想像させることが、児童の経験を想起させることにつながり、問題を自分事として捉えることができると考えた。

2 読み物教材活用から個々のまとめ

T みずえに本当のことを話し終えたまり子は、どんな気持ちだったでしょう。

C 嘘をついてごめんね。あのときは言い出せなかったの。でも、このままじゃまずいと思って。

C もっと早くから言えばよかった。

C もう、こんな気持ちになるのはいやだな。ごまかすのはやめよう。

C 正直に言うのはドキドキしたけれど、言えてよかった。すっきりした。

T みずえは、ちゃんと聞いてくれたでしょうね。

C うん、全部やってもらったわけじゃないし、嘘をついたことも謝ったから、「気にしないでいいよ」ってなったと思います。

T まり子は嘘をついたことで誰かを傷付けたわけではないけれど、自分自身がいやな気持ちになりましたね。

T まり子のように、自分自身をごまかしたり嘘をついたりせずに行動することは大切だと感じたことはありますか。これまでの生活を振り返ってみましょう。

.... **評価のポイント** ....

本時の学習の意図は、児童が誠実に行動することの大切さを自分事として考えることである。

児童が誠実に行動できないことの背景にある人間的な弱さについて自分事として考えているか、発言や聞く態度、ワークシートから見取る。

主　題	内容項目	主として自分自身に関すること

節度ある生活を　　　　　　　A　節度、節制

第5学年
流行おくれ

出典　文部科学省「私たちの道徳　小学校5・6年」
　　　文部省「小学校　読み物資料とその利用『主として自分自身のこと』」

1　ねらい

進んで自分の生活を振り返り、節度を守り、節制に心がけようとする態度を育てる。

2　主題設定の理由（指導観）

● ねらいとする道徳的価値（価値観）

自分を客観的に見つめ現状を内省し、自らを節制し程よく生活していくことは自己を確立していく上では不可欠なことである。望ましい生活習慣を築けるよう、常に自分の生活を振り返り見直し、節度を守り節制を心がけていく大切さを感得できるよう指導したい。

● 児童の実態（児童観）

児童は、自らの欲求を満たそうと思うがまま行動することはよくないことだと十分理解している。一方で、その欲求を押さえられず、自分の有様を見失い、節度ある生活ができなくなってしまうことがある。自分自身の生活を見つめ、節度ある生活をする大切さを考えさせたい。

3　教材について（教材観）

● 教材の概要

流行の服が欲しくなった主人公のまゆみは母親にせがむ。しかし、友達に左右されたり新しい物に飛びついたりする態度をたしなめられてしまう。そして、友達から借りた本を返してもらおうとまゆみの部屋にいた弟に八つ当たりをする。弟は、欲しいのを我慢した本だったことを伝え悲しく部屋を出る。その後まゆみは、物で散乱する部屋を見渡して考えるという話である。

● 教材活用の視点

節度ある生活の実現に向けての問題を学級全体で追究していく。節度ある生活をする大切さを考えさせるために、節制できずに安きに流されてしまう自分の生活を振り返り反省し、改善していこうとする考え方や感じ方を自分との関わりで考えさせるようにする。そこで、まゆみに自我関与して、弟の我慢を知った後、冷静になりどんなことを考えていたかを考えさせる。

4　指導のポイント

節度を守り、節制を心がけようとする態度を支えている多様な考えや感じ方に触れることができるよう、問題解決的な学習を展開する。導入では、欲求に任せてやり過ぎてしまう日常生活場面を想起させ、問題の投げかけをしていく。展開では、節度ある生活のために節制に心がけようか迷う思いについて考えさせるために、二重自我の役割演技を取り入れる。

学習指導過程

	学習活動（主な発問と予想される反応）	指導上の留意点
導入	1　節度を守り、節制に心がける必要がある事象を投げかけ、感想を発表し合う ○好きなことを思いきりやることはいいことか。 ・いいことだけど、食べ過ぎのようにやり過ぎはよくない。加減してやることが大事だと思う。 ・でも大事なのは分かるけど難しいな。	・問題意識をもたせるために、欲求に任せてやり過ぎてしまう日常生活場面を想起させ、節度を守り、節制を心がける難しさを出させる。
	自分の生活を見つめ、度が過ぎない生活をする大切さとはどのようなものだろう。	
展開	2　『流行おくれ』をもとに、問題解決を図る ○主人公の様子を見て、改善すべきところはどんなことか。 ・欲しいという気持ちを抑えられないでいるところ。 ・弟に八つ当たりをしているところ。 ○弟の話を聞いたまゆみの心の中はどんな気持ちか。 ・やっぱり欲しいよ。だって…（欲求を抑えられないまゆみ） ・弟は我慢しているよ。それなのに…（節制を心がけるまゆみ） ◎しいんとした散らかった部屋でまゆみはどんなことを考えていたのか。 【弟や母に対して】 ・無理に頼んでしまった。言い過ぎてしまった。 ・家族のことを考えて行動しなくてはいけない。 ・家族のアドバイスを聞くことは大事だな。 【自分自身に対して】 ・わがままだった。周囲に左右されてはいけない。 ・物を大事にしなければいけない。 ・我慢することは難しいことだけど、節度を守って節制を心がけなければいけない。 ・何事もほどよくしておくのがいい。 3　節度を守り、節制を心がけたときの思いを振り返る ○みなさんが我慢したり、度を超さないようにしたりと節度を守ろうとしたのは、どんな考えからか。	・主人公が欲求を訴えていることを把握させるために、問題場面を問う。 ・節度を守るために節制を心がけようか迷う思いや難しさについて考えさせるために、二重自我による役割演技を取り入れる。 ・節制できず安きに流されてしまう自分を見つめ反省し改善していこうとする思いを、自分の生活を見つめた上でまゆみに託して考えさせる。 ・さらに節度を守って生活する大切さに意識が向くよう、全て我慢すればよいのではと問う。 ・ワークシートを活用して自分自身をじっくりと見つめさせる。
終末	4　教師の説話を聞く	・教師自身が節度ある生活を心がけようとしていた子供時代の経験談を話す。

主として自分自身に関すること

流行おくれ

板書計画
道徳的価値の実現の背景を追究する板書構成

　本時の「節度、節制」に関わる問題を明示して、教材を活用して自分との関わりで考える学習を促すような板書を構成する。

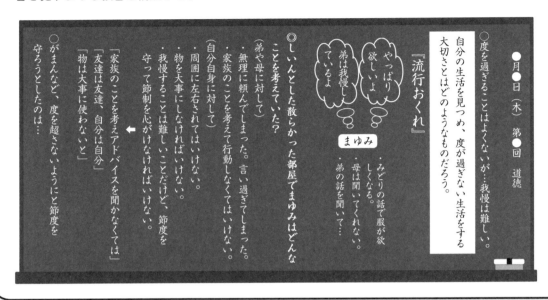

授業の実際

1　問題設定の実際

T　読書や運動など好きなことを思いきりやることはいいことですよね。だからといって、いつもそうなのでしょうか。
C　ゲームをしているとお母さんからやり過ぎと言われてしまいます。
C　やり過ぎはよくないと思います。
C　好きだからといって、食べ過ぎなど、し過ぎてしまうとよくないと思います。加減してやることが大事です。
T　加減してやるということは、我慢が必要なのですか。
C　必要です。でも大事なのは分かるけど心がけるのは難しいな。
C　ちょうどいいぐらいにやればいいと思います。
T　「ちょうどよく」とはどのくらいなのでしょうか。
　　ほどよく行うことを節度と言いますが、我慢したり、度が過ぎないようにしたりと節度を守ることは難しいということですね。難しいけれど大切ですね。他の人も、同じように感じることはありますか。
　そこで今日は、節度を守ろうとするのは、どんな思いや考えがあるからできるのかをみんなで考えていきましょう。
（問題提示）

　自分の生活を見つめ、度が過ぎない生活をする大切さとはどのようなものだろう。

　それでは、今日は『流行おくれ』という話をもとにして、この問題を考えていきます。主人公のまゆみさんが節度を守ることについて、どのように考えていたのかを皆さんで考えていきましょう。
（教材提示）

問題解決的な学習のポイント

自我関与して考えることができるように二重自我の役割演技を行う。

問題設定場面
児童の実態から自分自身の生活を見つめ、節度ある生活をしようとする大切さを考えさせたいと思い、節度ある生活をしようとするときの支えとなる思いを問題にした。

問題解決場面
書くことでじっくり経験を想起させ、問題を自分事として捉えるようにした。

2　問題解決から個々のまとめ

T　散らかった部屋でまゆみはどんなことを考えていたのか考えてみましょう。
C　弟や母に対して、ひどい態度で接してしまい、無理に頼んだり、言い過ぎてしまったりしたと、自分のとった態度を反省していたと思います。
C　物を大事に使って欲しいと思っている母のことや、欲しい物を我慢している弟のことを考えて行動しなくてはいけないと考えていると思います。
C　どんなときも友達に左右されてはいけないと考えていると思います。
C　今まで次から次へと欲しい物が変わって、1つ1つの物を大事にしなければいけないと考えていたと思います。
T　度が過ぎないように節度ある生活をしていこうとするには、「家族のことを考えなくては」「友達は友達、自分は自分」「物は大事に使わないと」という考えがあるからということですね。我慢など度を超さないようにと節度を守ろうとしたのは、どんな考えからだったのか、これまでの自分を振り返って考えてみましょう。

……… 評価のポイント ………
本時の指導の意図は、児童が主人公に自我関与して、節制できず安きに流されてしまう自分を見つめ反省し改善していこうとする思いについて考えることである。児童が、節度ある生活の実現に向け自分事として考えている学習状況を、発言やワークシートの記述などから把握する。

流行おくれ

| 主　題 | 内容項目 | 主として自分自身に関すること |

自分の長所をさらに伸ばす　A　個性の伸長

第5学年
明の長所

学 図
廣あ④

※④：第4学年掲載

出典　文部省「小学校　道徳の指導資料とその利用4」

1　ねらい

自分の特徴を考え、積極的に自分の長所を伸ばそうとする態度を育てる。

2　主題設定の理由（指導観）

● ねらいとする道徳的価値（価値観）

自分らしい生活や生き方について考えを深め、自己実現を目指していくためにも、自分の特徴を知り、長所を伸ばしていくことは重要である。他者と比較しながら自分の特徴を多面的・多角的に考え、長所を積極的に伸ばしていけるように指導したい。

● 児童の実態（児童観）

高学年の児童は、自分の特徴について理解することができるようになってくる。しかし、友達の特徴は分かるが、自分の特徴には気付かないこともある。長所を積極的に伸ばそうとする態度を育むために、自分の特徴や長所について考えさせたい。

3　教材について（教材観）

● 教材の概要

やす子たちの学級では、友達の特徴を捉えて作文を書くことになった。隣の席の明はふざけることが多く、手を焼くこともあったが、やす子は明のことをふざけ好きの明として書く気にはなれなかった。明との思い出を思い返すと、ドッジボールのときに転んでしまった相手チームの子にボールをぶつけなかった思い出と、授業中に明とのおしゃべりを先生に注意されたときに、「1人でしゃべりました」とやす子をかばってくれた思い出が頭に浮かんできた。やす子はこの2つの思い出から明の特徴がはっきりと分かり、作文を書く意欲が湧いてきた。

● 教材活用の視点

多面的・多角的に考えると、普段気付きにくい特徴や長所に気付くこともある。自分の特徴や長所について考え、長所を伸ばそうとする態度を育むために、児童を明の特徴について考えるやす子と、長所を伝えられた明に自我関与させてそれぞれの思いを考えられるようにしたい。

4　指導のポイント

他者と比較しながら自分の特徴を多面的・多角的に考えることができるように、問題解決的な学習を行う。導入で「自分の特徴や長所について考えよう」という問題設定を行い、『明の長所』を通してグループ学習を取り入れながら自他の特徴を多面的・多角的に考えさせる。自己の振り返りでも、これまでの経験をもとにグループで自他の特徴について考えさせていく。

学習指導過程

	学習活動（主な発問と予想される反応）	指導上の留意点
導入	1　友達の長所を想起し、発表し合う ○自分の友達の長所はどんなところか。 ・頭がよく、いろいろなことに気が付く。 ・足が速く、運動会で活躍していた。 ・責任感が強く、委員会の仕事に積極的に取り組んでいる。 ○本時の問題を確認する。 　自分の特徴や長所とは、どのようなものだろう。	・自分の身近な友達の長所を発表し合った後で、自分の長所を考える時間を設け、本時の問題につなげる。 ・長所を生かしている場面を想起させるため、具体的な思い出を振り返らせるようにする。
展開	2　『明の長所』をもとに、問題解決を図る ＊やす子の考えや思いを想像してみよう。 ○はじめ、やす子は明のことをどのように思っていたか。 ・学級一番のあばれんぼう。 ・まじめにやってくれないことがあって困る。 ・学級のみんなから人気がある。 ◎２つの思い出から、やす子は明の特徴や長所をどんなものだと考えたか。 ・困ったときに頼りにできるような求心力がある。 ・弱い相手をいじめるようなことをしない優しさがある。 ・注意されたことを素直に受け入れる素直さがある。 ・困っている相手をかばう思いやりがある。 ○長所を伝えられた明はどんな気持ちだったか。 ・自分では意識してなかったけど長所だったのか。 ・これからも自分の長所を生かしていこう。 3　自分の長所について考える ○自分の長所にはどのようなものがあるか。その長所をどのように伸ばしていきたいか。	・友達の特徴を表面的にしか捉えていないときの思いを自分との関わりで考えられるようにする。 ・特徴や長所を多面的・多角的に考えることができるように、グループ内で話合いを行うようにする。 ・話合いが円滑に進まないグループには、ドッジボールの思い出と先生に注意された思い出に分けて考えさせる。 ・長所を伝えられ、それをさらに伸ばしていこうとする思いを自分との関わりで考えられるようにする。 ・グループで互いに長所を伝え合った後で、自分の長所とそれをどうしていきたいかということを改めて考えさせ、ノートなどに記述させる。
終末	4　教師の説話を聞く	・友達の長所を見習ったことが、自分の長所となっていることを話す。

明の長所

板書計画

他者と比較しながら自分のよさを考えられる板書構成

「友達の長所」や「明の長所」を明示することで、自分のよさを考えられるきっかけとする。

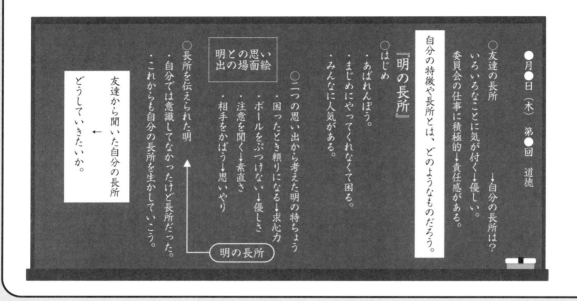

授業の実際

1 問題設定の場面

T みなさんは普段、学校で多くの友達に囲まれて生活していますね。そんな友達の、長所はどんなところでしょう。
C サッカーがうまい。
C 優しい。
C 面白い。
T なるほど。サッカーは具体的で分かりますが、「優しい」「面白い」というのはどういうところからそのように感じたのですか。
C 私が委員会の仕事が多くて困っているときに手伝ってくれて優しいと思った。
C いつもクラスを盛り上げてくれるから面白いと思った。
T みなさん、たくさん友達の長所を見付けられましたね。それでは次に、自分の長所について考えてもらいます。自分の長所はどんなところでしょう。
C （数人挙手）

T 先ほどよりも人数が少ないようですね。自分の長所については、なかなか思いつきませんか。
C 友達のだったら分かるけど、自分の長所はなかなか分からない。
C うまく言えない。
T そういう考えもありますね。では、今日は自分の長所について考えてみましょう。
（問題のカードを提示）

> 自分の特徴や長所とは、どのようなものだろう。

　今日は、『明の長所』という話をもとにして、自分の長所について考えていきます。主人公やす子は、隣の席の明の長所について考えています。みなさんも、やす子がどんなことを考えたり感じたりしたのかを想像していきましょう。（教材提示）

問題解決的な学習のポイント

友達の長所と比較しながら、自分の長所について多面的・多角的に考える。

- 自己の振り返りの前に、グループで互いに長所を伝え合い、自分の長所について考えるきっかけとした。
- 自分の特徴を多面的・多角的に考えることができるように、グループ学習を取り入れ、明の長所を様々な視点で考えさせた。
- 自己の振り返りでは伝えられた長所をもとに、それをどのように生活の中で生かしていきたいかということについて考えさせた。
- グループ学習を通してやす子から見た明の長所を考えた後、それを伝えられた明の気持ちを考えさせた。

2　問題解決から個々のまとめ

T　ドッジボールの思い出と授業中の思い出、2つの思い出からやす子は明の特徴をどのようなものだと考えたでしょうか（個別で考える時間を少し取った後、グループ学習で考える）。

C　ドッジボールで転んだ子や、困ってるやす子をかばってくれる優しさがある。

C　普段は迷惑をかけているかもしれないけれど、弱い相手や困っている相手には思いやりをもって接してくれる（グループの話合いをもとに発表する）。

T　なるほど。そのような明の長所が見付かったのですね。それでは、その長所を伝えてもらった明はどんな気持ちになったでしょうか。

C　それが長所とは思っていなかった。

C　恥ずかしいけれど、「ありがとう」という気持ち。

C　今後も自分のよさを生かして過ごしていこう。

T　それでは、今度は自分の長所について考えてもらいます。明も自分では長所とは思っていなかったけれど、やす子から見たらたくさんの長所がありましたね。まずは、グループで友達の長所を伝え合ってみましょう。

……………　評価のポイント　……………

本時の学習の意図は、明の長所を考えることを通して、児童が自分の長所を多面的・多角的に考えることである。

児童が、自分の長所とその生かし方について考えている学習状況をノートの記述などから把握する。

明の長所

主　題	内容項目	主として自分自身に関すること

希望と勇気をもって　　A　希望と勇気、努力と強い意志

第5学年

ヘレンと共に —アニー・サリバン—

日文
廣あ

出典　文部科学省「私たちの道徳　小学校5・6年」
　　　　文部省「小学校　読み物資料とその利用『主として自分自身のこと』」

1　ねらい

　より高い目標を立て、希望と勇気をもち、困難があってもくじけずに努力して物事をやり抜こうとする心情を育てる。

2　主題設定の理由（指導観）

● ねらいとする道徳的価値（価値観）

　児童が自立してよりよく生きていくためには、常に自分自身を高めていこうとする意欲をもつことが大切である。より高い目標を立て、希望と勇気をもち、困難があってもくじけずに努力して物事をやり抜く意義を感得できるように指導したい。

● 児童の実態（児童観）

　児童の多くは、身近な目標があり、それに向かって努力している。しかし、思うように結果がでなかったりして、あきらめてしまうような発言をすることもある。困難があっても最後まで努力してやり抜くことの大切さを考えさせたい。

3　教材について（教材観）

● 教材の概要

　この教材は、アニー・サリバンの伝記である。アニー・サリバンは、家庭教師として、ヘレン・ケラーの先生になる。ヘレン・ケラーのわがままを直し、言葉を教えようと希望をもって指導する。アニー・サリバンは周りから指導が厳しいと陰口を言われるも、勇気をもってあきらめずに指導を続ける。その結果、ヘレン・ケラーは、「光の天使」と呼ばれるようになったという内容である。

● 教材活用の視点

　中心発問では、困難があっても最後までやり抜くことの大切を考えさせるために、ヘレンを抱き締めたときの気持ちについて問いかける。また、困難にぶつかったときの気持ちについて考えさせるために、周りの人から厳しいと陰口を言われたときの気持ちについて考えさせる。

4　指導のポイント

　困難があっても最後まで努力してやり抜くことの意義を問題として、問題解決的な学習を行う。導入では、目標に向けてどのような努力をし、うまくいかなかったときの気持ちを想起させる。そして困難があっても最後まで努力してやり抜くことの背景にはどのような気持ちがあるのかを『ヘレンと共に　—アニー・サリバン—』を通して、追究させる。

学習指導過程

	学習活動（主な発問と予想される反応）	指導上の留意点
導入	1　困難にぶつかったときのことを想起し、発表する ○目標に向けてどのような努力をしているか。また、うまくいかないときはどのような気持ちか。 ・毎日、漢字の勉強をしている。100点とれなかったときには、もう一度頑張ろうと思う。 ・毎日素振りをしている。打てないときにはやめてしまおうと思う。	・児童の問題意識を高め、学習問題を設定する。
	困難があっても最後までやりぬくには、どんな気持ちが大切か。	
展開	2　『ヘレンと共に　―アニー・サリバン』をもとに、問題解決を図る ○「ヘレンの教育は、まず、このわがままを直すことだと決心した」とき、アニーはどのような気持ちだったか。 ・この子を変えてみせる。 ・このままでは、この子は将来わがままになる。 ○周りの人の陰口が聞こえてきたとき、アニーはどのようなことを考えたか。 ・彼女に教えるのをやめてしまおうか。 ・陰口なんて関係ない、このまま彼女に教える。 ◎ヘレン・ケラーが多くの人たちから「光の天使」と呼ばれるようになったとき、アニーはどのような気持ちだったか。 ・教え続けてきてよかった。 ・自分の努力が報われた。 ・頑張ってよかった。 3　自分自身について考える ○自分自身を振り返って、困難があっても最後までやり抜くには、どんな気持ちが大切だと考えるか。 ・あきらめない気持ち。 ・失敗しても前向きな気持ち。	・目標をもったときの気持ちについて、アニー・サリバンに自分自身を投影して考えさせる。 ・困難にぶつかったときの考え方について、自分との関わりで考えさせる。 ・最後まであきらめなかったときの気持ちについて考えさせる。 ・困難があってもやり抜くときの気持ちについて、自己を見つめさせる。 ・自分の考えを想起し、整理するためにワークシートを用いる。
終末	4　教師の説話を聞く	・教師自身が努力して困難にぶつかったときに最後までやり抜いたときの経験について話す。

主として自分自身に関すること

ヘレンと共に　―アニー・サリバン―

板書計画

道徳的価値の実現の背景を追究する板書構成

本時の「希望と勇気、努力と強い意志」に関わる問題を明示して、教材をもとに自分との関わりで考える学習を促すような板書を構想する。

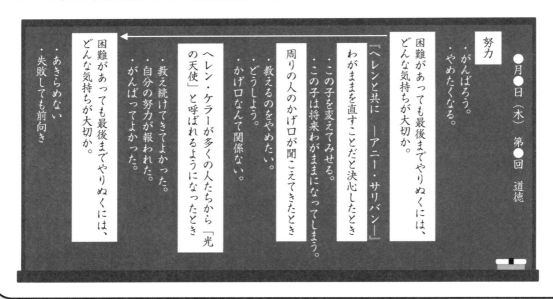

授業の実際

1　導入の場面

T　皆さんは目標に向けてどのような努力をしていますか。また、それがうまくいかないとき、どのような気持ちですか。

C　目標が「チアダンスを上手にできるようになる」なので、それに向けて毎日練習をしています。難しいダンスだとなかなか覚えられないけど、頑張っています。

T　なるほど、頑張っていますね。

C　空手の大会で優勝できるように頑張っています。ちょっと練習がつらいなと思うときもあります。

T　練習は結果がでないときはつらいですね。

C　サッカーがうまくなるように毎日練習しています。ただ、うまくいかないと嫌になってしまうときもあります。

T　やっぱりうまくいかないと嫌になることが多いですね。

T　皆さんはそれぞれに目標があって、努力していますね。当然、最後まで頑張るのがよいと思いますが、うまくいかなかったり、成功しなかったりすると辛くなってしまうときもありますね。

　では今日は、最後まで頑張るためにはどのような気持ちが大切なのかということについて、皆さんで考えていきましょう。
（問題の提示）

> 困難があっても最後までやりぬくには、どんな気持ちが大切か。

T　今日の教材は『ヘレンと共に　―アニー・サリバン―』です。ヘレン・ケラーという有名な人がいますね。その人が小さいときに家庭教師をしていた人のお話です。アニー・サリバンの気持ちになってお話を聞いてください。
（教材提示）

問題解決的な学習のポイント

教材を通して、児童が主人公に自我関与して、やり抜くために大切な気持ちについて考えていく。

- 導入で児童の経験を想起させることで、問題を自分との関わりで考えられるようにした。
- 児童の実態から困難があっても最後までやり抜くことの大切さを考えさせたいと思い、最後までやり抜くには、どのような気持ちが大切かを問題にした。
- 最後までやり抜くには、どのような気持ちが大切かという問題について、「あきらめなかったから達成感がある」「努力は報われる」といった背景を導き、これらの発言をもとに、一人一人が自分自身の考えや思いを振り返ることができた。

2　問題解決から個々のまとめ

T　ヘレンが、多くの人たちから「光の天使」と呼ばれるようになったとき、アニーはどのような気持ちだったでしょうか。
C　自分がしっかりやってきてよかった。
C　あきらめなかったから達成感がある。
C　頑張ってきてよかった。
C　努力が報われる。
C　陰口を言った人を見返すことができた。
C　何を言われても、一生懸命最後までやることが大切だと思った。
C　ヘレンと一緒に頑張ってきてよかった。
（まとめて板書）
T　努力して最後までやると、このような思いになるのかな。アニー・サリバンも、きっとこのような思いだったのでしょうね。
T　今日は、困難があっても最後までやり抜くにはどんな気持ちが大切かを考えてきました。『ヘレンと共に　―アニー・サリバン―』の教材を通して、皆さんは、困難があっても最後までやり抜くためには、どんな気持ちが大切だと感じましたか。今までの自分を振り返って、ワークシートに書きましょう。
（ワークシート記入）

> ………… 評価のポイント …………
> 本時の指導の意図は、児童が主人公に自我関与して困難があっても最後までやり抜く大切さについて考えることである。児童が、最後までやり抜くときの背景となる気持ちを自分事として考えている学習状況を、発言やワークシートなどから見取る。

ヘレンと共に ―アニー・サリバン―

主　題	内容項目	主として自分自身に関すること
信じ、追い続ける	A　真理の探究	

第5学年

トロヤを自分の手で

その他

出典　文部省「小学校　道徳の指導資料とその利用6」

1　ねらい

真理を大切にし、興味のあることや知りたいことを追究しようとする態度を育てる。

2　主題設定の理由（指導観）

● ねらいとする道徳的価値（価値観）

真理を大切にし、物事の本質を見極めようとする知的な活動を通して興味や関心を刺激し、探究する意欲を喚起させることが大切である。

そのため、児童の好奇心を生かし、真理を大切にし、興味のあることや知りたいことを追究できる姿勢を育みたい。

● 児童の実態（児童観）

各教科等の学びの蓄積から、真理を追究しようとする姿勢の定着が期待される。一方、安きに流れて現状に甘える傾向も見せるようになる。自分の興味のあることや知りたいことを追究し、よりよい自己を目指すことについて、多面的・多角的に考えを深めたい。

3　教材について（教材観）

● 教材の概要

ハインリッヒ・シュリーマンは、少年の頃からトロヤの城を掘り出すことを夢としていた。豊かではない生活の中でロシア語を学び始め、12か国の外国語を勉強し、語学を役立てながら実業家として成功するシュリーマン。42歳になり、十分に富を得たシュリーマンは、実業界を離れ、トロヤを探す旅に出る。彼は長い苦難の道の果てに、ついにトロヤの城壁を発掘する。

● 教材活用の視点

実話であり、リアリティのある授業を展開することが効果的である。トロイの木馬の再現図を提示したり、シュリーマンの語学力や追究の姿勢を補助教材として示したりすることで、児童はより真理を探究することの大切さについて、考えを深めることができるだろう。

4　指導のポイント

真理を追究することについて、シュリーマンへの自我関与を中心にして授業を展開する。児童に問いたいことや場面は複数考えられるが、指導の意図に応じて精選することが重要である。本展開では教材を通した話合い活動で4つの発問を取り入れているが、発問の内容と数は児童の実態に合わせて柔軟に調整したい。

学習指導過程

	学習活動（主な発問と予想される反応）	指導上の留意点
導入	**1 教材への理解を促す** ○「トロイの木馬」の絵を提示して、補足説明を行う。	・教材のイメージをもたせ、シュリーマンへの自我関与を深める。 ・短い時間で行い、展開での話合いに時間を割けるようにする。
展開	**2 『トロヤを自分の手で』を読んで話し合う** ○燃え上がるトロヤの城の絵を見たシュリーマン少年は、どんなことを思ったのか。 ・すごい迫力だ。 ・本当にあったんだ。 ・自分が見付けたい。 ○語学の勉強をしながら、実業家として働くシュリーマンは、どんなことを考えていたのか。 ・早くトロヤを探したい。 ・トロヤを探すために、頑張ろう。 ・トロヤのためなら、勉強も仕事も頑張れる。 ◎トロヤを求めて平野や海岸、草深い平原から盛り上がる丘を探し続けるシュリーマンは、どのようなことを考えていたのか。 ・これまでの自分を信じて、探すしかない。 ・きっとあるはずだ。 ・もう少しで夢が実現するんだ。頑張ろう。 ・本当にあるのか、不安になってきた。 ○トロヤの城の壁に立ちつくすシュリーマンは、どんなことを考えていたか。 ・探し続けてよかった。 ・自分の努力は間違っていなかった。 ・たくさんの人にトロヤのことを知ってほしい。 **3 自分の経験を振り返る** ○今までの自分は、興味のあることやもっと知りたいことについて、どのように考えて、行動してきたと思うか。	・好奇心や興味を大切にすることについて、自分との関わりで考える。 ・真理を追究するために努力をすることの大切さについて、自分との関わりで考える。 ・真理を追究する際の多様な考え方、感じ方について、「希望」「努力」「責任」などの視点から多角的に考えを深める。 ・物事を追究し続けることのよさについての価値理解を深める。 ・好奇心や興味を大切にして、真理を追究することについての現状認識を深め、自己の生き方についての考えを深める。
終末	**4 教師の説話を聞く**	・人類の発展に尽くした先人について紹介する。

主として自分自身に関すること

A
B
C
D

トロヤを自分の手で

板書計画

シュリーマンの人生の歩みと思いを追究する板書

　シュリーマンの思いを考え、彼の歩みに沿って時系列で板書に示すことで、真理を追究することについて広く考えを深めさせられる板書を構想する。

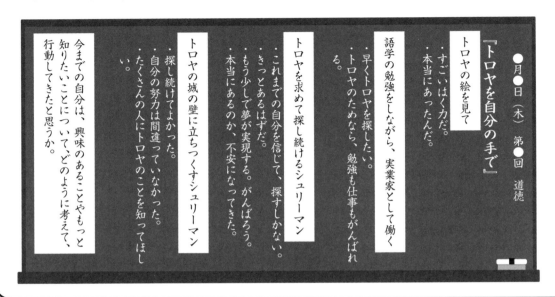

授業の実際

1　中心的な発問での話合い

T　シュリーマンは、トロヤを求めて平野や海岸、草深い平原からもり上がる丘を探し続けたのですね。長い間探し続けましたが、どんなことを考えていたのでしょう。
C　これまで、長い間準備をしてきたんだ。自分を信じてやるしかない。
C　きっとあるはずだ。あきらめないぞ。
C　やっと夢に辿り着いたんだ。苦しさもあるけど、楽しさもある。
T　これまで、長い時間をかけて準備をしてきたからこそ、自信もあるのですね。また、ついに辿り着いた夢でもあるんだね。
　　苦しくても、楽しいこともあるのですね。
C　大好きなことだから、ずっと調べていたいと思う。
C　トロヤはあるって信じているから、他の人にも知ってほしいのだと思う。
C　だんだんお金もなくなるから、もしなかったどうしよう。
C　見付からなかったと思うと、怖い。
T　なるほど、人生がかかっていることだから、そのような不安や怖さもあるのですね。
C　でも好きなことだから平気だと思う。
T　なるほど、ずっと「ある」と信じていましたね。
　　シュリーマンがここまで調べられたのは、「これまでの積み重ね」や「自分の夢」「知りたいこと」「好きなこと」などがあるのですね。でも、同時に「見つからなかったら…」という不安や怖さもあったのでしょうね。

自我関与を深める学習のポイント

シュリーマンへの自我関与を通して考えるために、以下の3つの工夫をしていく。

ポイント①
導入ではトロイの木馬の再現図を提示して、教材への興味・関心を高め、同時に教材の理解を深めた。

ポイント②
中心的な発問では、真理を追究する際の多様な考え方、感じ方について、多面的・多角的に考えを深める。児童の発言は色チョークで類別整理して示し、多面的・多角的に考えられるようにした。

ポイント③
現状認識を深めさせるために、他教科等の学習を想起させ、自己の生き方についての考えを深められるようにした。さらに教材の理解を深めていった。

2　各教科等との関連を図る

T　みなさんは、今までの自分は、興味のあることやもっと知りたいことについて、どのように考えて、行動してきたと思いますか。

C　よく分からないなあ。

T　そうですね。少し見付かりにくいかもしれませんが、みなさんは理科や社会科などで、知りたいことや考えたいことを見付けて学習をしてきましたね。宿題の自主学習もそうです。習い事などで、もっと知りたい、できるようになりたいと思うことはありませんか。そのような経験とそのときの思いや考えはどうですか。

C　私はピアノを習っていて、難しい曲になると練習も大変になるんだけど、できるようになるとうれしいです。

T　頑張っていますね。ピアノや音楽についても、考えが深まったりしますか。

C　はい。できることが増えてくると、ピアノをもっと好きになります。

C　僕は歴史の人物が好きで、歴史まんがや本を読んでいます。歴史のことはもっと知りたいです。

……… 評価のポイント ………

本時の学習では、シュリーマンへの自我関与を中心にして、真理を大切にし、興味のあることや知りたいことを追究しようとする心情を育てることを目指している。中心的な発問や現状認識を深める発問で道徳ノートに記入させるなどして、本時の目指す学びの姿を把握し、前向きに評価する。

トロヤを自分の手で

主　題	内容項目	主として人との関わりに関すること

親切にするよさと難しさ　　B　親切、思いやり

第5学年
くずれ落ちただんボール箱

東書　日文
学研　廣あ

出典　文部省「小学校　道徳の指導資料とその利用4」

1　ねらい

　親切にすることのよさや難しさについて考えを深め、誰に対しても進んで親切にしようとする実践意欲を育てる。

2　主題設定の理由（指導観）

● ねらいとする道徳的価値（価値観）

　親切とは、相手の置かれている状況を自分自身に置き換えて想像し、相手によかれと思う行動をとることである。人間関係の深さの違いや意見の相違などを乗り越え、誰に対しても、思いやりの心をもって親切にしようとする実践意欲を育てたい。

● 児童の実態（児童観）

　親切はよいことという認識はあるが、相手の立場に立って考える児童もいれば、見返りや自己中心的な思いから親切にしている児童もみられる。多様な人々と接する機会が多くなるため、相手のことをよく考えて親切にしようとする実践意欲を育てたい。

3　教材について（教材観）

● 教材の概要

　混雑した店内で、男の子が積んであった段ボール箱を倒してしまった。その子の祖母は慌てて段ボール箱を片付けようとしたが、男の子は先に進んでしまった。その様子を見ていた主人公は困りきっている祖母の代わりに段ボール箱を片付けていたが、後から来た店員に遊んでいたと間違えられて注意されてしまった。2週間後、学校に、その店員から誤解してしまったことへの謝罪の言葉と親切な行動への感謝が述べられた手紙が届いた。

● 教材活用の視点

　親切とは、相手の立場に立って考え行動することである。困っている人のために行動したにもかかわらず、誤解を受けた主人公に自我関与し、親切とは誰かに認められるための行為ではないということに気付かせる。自分事として親切にすることの難しさを考え、それを乗り越えて親切にしようとする実践意欲を育てたい。

4　指導のポイント

　自己を見つめる学習で、親切にすることのよさや難しさを問題とする。親切にすることの難しさを内面的な問題か相手に対する問題か分類整理しながら自分事として考えさせ、親切にするよさについての考えを深め、親切にしようとする実践意欲を育てる。

学習指導過程

	学習活動（主な発問と予想される反応）	指導上の留意点
導入	1　親切にすることはよいことですか 　【その理由はどんなことですか。】 ○よいことだと思う ・相手が喜ぶ。　　　　　・仲よくなれる。 ・自分も嬉しくなる。　・いつか自分にも帰ってくる。 ○分からない ・相手が喜んでいないこともある。	・事前アンケートをとり、親切にするよさについて、自分との関わりから考えさせる。 ・授業を通して学んだことのワークシートをアンケートの裏面に印刷し、個人の変容を見取り、評価につなげる。
展開	2　『くずれ落ちただんボール箱』を読んで考える ○2人はどのような考えから、段ボール箱を片付けたのでしょうか。 ・おばあさんが困っているから助けてあげよう。 ・男の子が迷子になってしまっては大変。 ・そのままにしておけない。 ・周りのお客さんにも迷惑になる。 ○広くなった通路を眺めながら、「わたし」はどんなことを思ったのでしょうか。 ・道が広くなってよかった。これでよかったのだ。よいことをしてすっきり。 ・せっかく親切にしたのに、怒られるなんてついてないな。よいことをしたのに、もやもやする。 　親切にすることのよさや難しさについて考える。 3　自己を振り返り、これまでの経験から親切にする行為について考えを深める ○親切にすることの難しさとは、どんなことだろうか。 ・勇気がいる。 ・見返りを求めてしまう。 ・ちゃんと相手の気持ちを考えなくてはいけない。 ◎それでも親切にしようと思いますか。 　それはどうしてですか。 ・誰かに喜んでもらえるとうれしいから。 ・役に立ててうれしい。 ・いつか自分にも親切にしてもらえる。	・主人公に自我関与して考え、おばあさんや男の子など、相手のことを考えてとった行動であることを押さえる。 ・親切にしたのに誤解されてしまった複雑な気持ちを考えさせ、「では、やらないほうがよかったのか」などと切り返しの発問をし、何のための親切か考えさせる。 ・親切にすることの難しさについて、経験をもとに考えさせる。 ・たくさんの意見が出るように、グループで話し合わせ、出てきた意見を短冊に1つずつ記入し、内面的な問題か、相手に対する問題か内容を整理して黒板に貼らせる。 ・親切にすることは、相手の立場を考えて行動することを念頭に置き、自分事として考えさせ、ワークシートに記述させる。
終末	4　教師の話を聞く	・教師自身が親切について難しいと感じた経験談を話す。

主として人との関わりに関すること

くずれ落ちた段ボール箱

板書計画

親切にすることの難しさを構造的に捉える板書構成

　短冊を貼る際に人物像を描き、その内側や外側に分類整理して掲示することで問題を視覚化し、親切にすることの難しさを捉える。その気付きをもとに、自己の振り返りを深める。

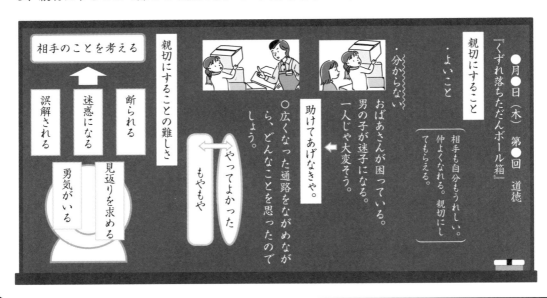

授業の実際

1　導入の場面

T　親切にすることはよいことと思っている人が多いですね。その理由には、「相手が喜ぶから」「自分もうれしくなるから」「仲よくなれるから」「自分にも親切にしてくれるから」などがあげられていました。
　一方で、「分からない」と答えた人もいました。その理由は、「相手に迷惑になることもあるから」と書いてありました。今日は皆さんと、「親切にすること」について考えたいと思います。
（教材を読む）

T　2人はどのような考えから、段ボール箱を片付けたのでしょうか。
C　「おばあさんが困っているから、助けてあげなくちゃ」と考えたと思います。
C　「早くしないと、男の子が迷子になってしまう」と考えたと思います。
T　困っている人を助けたい気持ちですね。しかし、店員に誤解され注意を受けてしまいました。広くなった通路を眺めながら、「わたし」はどんなことを思ったのかな。
C　「よいことをしたのだから、これでよかったのだ」という気持ちだと思います。
C　「せっかくよいことをしたのに、怒られるなんて」ともやもやしたと思います。
T　どちらもあるかもしれませんね。では、やらないほうがよかったのでしょうか。
C　それは、違うと思います。
（つぶやきを拾う）

T　親切にすることで、時には誤解されてしまったり、最初にアンケートから出たように、相手が喜ばなかったりすることがあります。他に「親切にすることの難しさ」はありますか。
（グループで話し合い、短冊に書く）

T　見ている皆さんはどうでしたか。

問題解決的な学習のポイント

親切にすることのよさと難しさを考え、それらを乗り越えて親切にしようとする実践意欲を育てる。

○親切にすることのよさ
　事前アンケートをとり、親切にするよさをどのように捉えているのか、形成的評価として見取る。

相手の立場を考えて親切にすることが、親切を広げることにつながるから、進んで親切にしよう。

○親切にすることの難しさ
　教材から、親切にしたことが誤解を受けてしまうことがあることを押さえ、他にどのような難しさがあるか、自分事として考えさせる。

親切にすることの難しさを内面的な問題か、相手に対する問題か整理して考え、それを乗り越えるにはどうしたらよいのか自分なりの納得解を見いだしていく。その際、親切にするよさを振り返りながら考えることで、実践意欲につなげる。

2　問題解決から個々のまとめ

T　自分の問題として考えられたのは、「勇気がいる」「見返りを期待してしまう」「できないこともある」などですね。

T　相手に対する問題として、「本当に必要なのか分からない」「断られるときがある」「誤解されたことがある」などが挙げられました。では、どうしたらよいのでしょうか。それでも親切にしようと思いますか。
（ワークシートに記入する）

C　自分が親切にされるとうれしいから、やっぱり親切にすることはよいことだと思います。相手が本当に必要としているのか、自分に置き換えて考えたいです。

C　親切にしてみて、もし必要じゃなくても、それで相手のことが分かるし、仲よくなるきっかけにもなるから、親切にすることはよいことだと思います。

C　親切は誰でもうれしいし、自分もうれしくなるし、見ている人もうれしくなるから、相手のことをよく考えて親切にすることはよいことだと思います。

T　難しいけれど、相手のことをよく考えて親切にすることが大切なのですね。

………… 評価のポイント …………
　本時の指導の意図は、親切にすることの難しさについて自分事として考え、難しいけれど親切にしたいという実践意欲をもたせることである。
　事前アンケートから親切の価値理解を見取り、授業を通して親切について考えを深めた上で実践意欲をもてたかどうか、発言や記述から把握する。

くずれ落ちた段ボール箱

主題	内容項目	主として人との関わりに関すること
感謝する心	B 感謝	

第5学年
黄熱病とのたたかい

その他

出典 文部科学省「私たちの道徳 小学校5・6年」
文部省「小学校 読み物資料とその利用『主として他の人とのかかわりに関すること』」

1 ねらい

自分の生活が多くの人に支えられていることに気付き、支えてくれる周囲の人の思いに応えようとする心情を育てる。

2 主題設定の理由（指導観）

● ねらいとする道徳的価値（価値観）

日々の生活は、家族だけではなく、学校・地域等の支え合いや助け合いの善意によって成り立っていることに気付かせる。その思いや行動に感謝し、支えてくれるその思いに応えようとする心情を育てたい。

● 児童の実態（児童観）

自分の生活が人々の支えによって成り立っていることに気付いてはいるが、支えてくれている人の多さにまでは気付いていない。多くの人々に支えられたときの思いを実感を伴って考えさせたい。

3 教材について（教材観）

● 教材の概要

細菌学者である野口英世の自伝をもとにした教材である。英世は「眠らない日本人」と呼ばれるほど研究に打ち込み、世界的に注目されていた。病気が重なり静養していた英世は、中南米にある黄熱病の研究グループに入らないかと誘われる。仲間たちは心配するが、新たな研究への情熱と、周りの期待に応えたいという思いで中南米での研究を開始する。黄熱病が終息したかにみえた頃、再び西アフリカで黄熱病が流行する。研究に打ち込むが、自身も黄熱病を発症してしまう。高い熱にうなされる中、世話になった人々のことを思い、息を引き取る。

● 教材活用の視点

道徳的価値を自分事として捉えさせるために、病み上がりの体で周囲の反対を押し切ってまで研究を始めた思いや、黄熱病を患いながら、人々への感謝を忘れなかった英世の思いについて考えさせる。

4 指導のポイント

導入で、自身が多くの人に支えられていることに気付かせる。英世が、多くの人に支えられ、助けられながら歩んできたことに自我関与させる。英世が周囲の期待に応えたいと研究に打ち込んだように、自分は周りの思いに応えるために、どのようなことができるかを考えさせる。

学習指導過程

	学習活動（主な発問と予想される反応）	指導上の留意点
導入	1　自分の周りの支えてくれる人について話し合う ・家族。 ・先生。 ・地域の人。	・支えられている自分を想起させ、ねらいとする道徳的価値への方向付けを行う。 ・野口英世の補足説明をし、自我関与しやすくする。
展開	2　教材『黄熱病とのたたかい』を読んで話し合う ○英世は、どのような思いから自分のことを情けなく思うのだろう。 ・たくさんの人に支えられてきた。 ・病にかかっている場合ではない。 ・まだまだ、みんなの期待に応えられてはいない。 ○「ぜひ、行かせてください」と言った英世は、どのような気持ちだったか。 ・新しい研究が始まる。わくわくする。 ・自分が行って、黄熱病に苦しんでいる人を助けたい。 ・自分も救われたから、多くの人を救いたい。 ・みんなの期待に応えることができるいい機会だ。 ◎高い熱にうなされながら、「みんなのおかげです」と言った英世は、どのような気持ちだったか。 ・みんながいたから研究を続けることができた。 ・仲間・先生・家族に支えられ、助けられた。 ・みんなに恩返しができたかな。 ・自分が生まれてきたことに感謝したい。 3　自分自身を振り返る ○自分自身を振り返って支えてくれる人に感謝し、その思いに応えるためにどのようなことができるか考えよう。	・読み聞かせをし、資料提示を行う。 ・お世話になった人々に応えたいという思いについて考えさせるために、世界的に有名な医学者となりながらも、自分のことを情けなく思う英世の思いについて考えさせる。 ・病み上がりの体で黄熱病が流行する地域へ行くのは危険にもかかわらず、決意した英世の心にはどのような思いがあったのか、多面的・多角的に考えさせる。 ・多くの人に支えられて自分の人生があったことを実感したときの気持ちについて、自分との関わりで考えさせる。 ・自分自身を振り返り、支えられたり助けられたりした人たちに、自分なりの方法で感謝の思いに応えるためにできることをワークシートに記入させる。
終末	4　教師の説話を聞く	・周りの人たちの思いに感謝し、応えるためにどのようなことをしようと考えたか、教師の体験談を話す。

主として人との関わりに関すること

黄熱病とのたたかい

板書計画

教材を通して自分自身を振り返ることができる板書構成

英世の行動を時系列で示し、多くの人に支えられたことを捉え、自分自身を振り返ることができるようにする。

授業の実際

1　導入及び中心となる場面

T　みなさんが感謝している人はいますか。
C　家族が、いつもご飯を作ってくれます。
C　友達といるといつも楽しくてうれしいです。
C　先生が勉強を教えてくれます。
C　主事さんが学校中をきれいにしたり、道具を整えたりしてくれます。
C　同じマンションのおじさんが、いつもマンションを掃除してくれます。
T　あなたたちは多くの人に支えられたり助けられたりしながら、暮らしているのですね。
※家族だけではなく、より多くの人に自分が支えられていることを想起させることで、野口英世も多くの人に支えられていることに気付かせ、自分事として捉えられるようにする。

T　高い熱にうなされながら、「みなさんのおかげです」といった英世はどのような気持ちだったのでしょうか。
C　これまでお世話になった人が夢の中に出てきたのだと思います。
C　英世は、自分一人では研究を続けることができなかったと考えたと思います。
C　これまでお世話になった人に応えたいと思ってアフリカへ向かったので、少しはその人たちに応えられたかなと考えていると思います。
C　たくさんの人に助けられてきたので、その恩返しができたことを喜んでいるのではないかと思います。
C　たくさんの人への感謝の思いがあるから、自分自身が生まれてきたことへも感謝したいという思いが生まれているのだと思います。

自我関与を深める学習のポイント

英世の想いを多面的・多角的に捉え、自分との関わりで考えられるようにする。

- 「ぜひ、行かせてください」と言った英世はどのような気持ちだったのでしょうか。
- ・新しい研究が始まる。わくわくする。
- ・自分が行って、黄熱病に苦しんでいる人を助けたい。
- ・自分も救われたから、多くの人を救いたい。
- ・みんなの期待に応えることができるいい機会だ。
- ・危険だとかそういったことは思わなかったと思う。
- ・そんなことよりも、「多くの人を助けたい」という思いが強かったのではないかな。
- ・左手を直してくれた先生や家族、友達とか多くの人にもっともっと恩返しをしたいという思いが、黄熱病で苦しんでいる人を助けたいという思いにつながったと思う。
- 病気が治ったばかりの体で、黄熱病が流行している地域へ行くことは危険だとは思わなかったのかな。

2　子供たちの振り返り

- 私が今ここにいるのは当たり前のようなことだけれど、家族や友達、先生や登下校を見守ってくださる方、いろいろな人に支えられているのだなと思った。「ありがとう」や「こんにちは」などで、感謝の思いを表したい。
- いつも、マンションの前をきれいにしてくれる隣の家のおじさんがいる。私がごみを捨てないことは当たり前だけど、おじさんの掃除を手伝ったり、ごみが落ちていたらそのままにせず拾ったりしたい。
- 掃除場所になっている手洗い場の詰まりを、主事さんがすぐに直してくれた。私がしてもできなかったのに、すごいなと思った。さらに掃除を頑張って、きれいなままの手洗い場にしようと思った。
- 私は、調理師さんに感謝したい。この前のインタビューで、冬は水が痛いくらいに感じるとおっしゃっていた。だから、その思いに応えられるのは、給食を残さずに食べることだと思った。
- 僕のお父さんは消防団員だ。消防団の人々はボランティアで町の安全を守ってくれているのだということを思い出した。お父さんや消防団の人たちと一緒に見回りをして、安全を呼びかけていきたい。

………… 評価のポイント …………
　多くの人に支えられて自分の人生があったことや、その思いに感謝し応えようとする思いに気付こうとしていたか。
　支えたり助けられたりした人たちに、自分なりの方法で、感謝の思いに応えようとしていたかについて、見取る。

主として人との関わりに関すること

黄熱病とのたたかい

主題	内容項目	主として人との関わりに関すること
人とつながるあいさつ	B　礼儀	

第5学年
ことばの真実

その他

出典　文部省「小学校　道徳の指導資料第2集（第6学年）」

1　ねらい

相手を尊重して、進んで挨拶をしたり、礼儀正しい態度で接したりしようとする心情を育てる。

2　主題設定の理由（指導観）

● ねらいとする道徳的価値（価値観）

人と人との結び付きをより深いものにするために、適切な礼儀正しさを身に付けさせることが重要である。本時においては、挨拶などの礼儀が相手を尊重することにつながり、よりよい関係づくりに生きることについて、児童の考えを深めたい。

● 児童の実態（児童観）

高学年では、礼儀正しい適切な行動ができるようにすることが求められる。しかし、時として恥ずかしさなどにより、進んで挨拶ができない場合もある。そこで、それを乗り越え、礼儀正しい接し方を大切にすることについて深く考えさせたい。

3　教材について（教材観）

● 教材の概要

国文学者である西尾実の著作である。筆者は青年の頃、挨拶に意味を見いだしていなかった。そんな筆者が中学校の教師になり、赴任した先は教師も生徒も進んで挨拶をする学校だった。少しずつ挨拶の意味を感じる筆者だが、学校の人々と同じように挨拶をすることは容易ではなかった。だんだん挨拶ができるようになると、筆者は挨拶が社会的人間としての真実を呼び覚ますことに気が付き、深く考察をする。

● 教材活用の視点

挨拶の意味が分からない、挨拶ができない筆者の姿からは、人間理解を深めることが期待できる。筆者に自我関与することで、児童は挨拶をすることの難しさやよさについて、考えを深めることができるだろう。

4　指導のポイント

本時においては、筆者に自我関与しながら、挨拶や礼儀正しい振る舞いに関する価値理解や人間理解を深めることを意図している。それらが人と人との関わりをより深くする重要な役割をもつことについて、自分との関わりで考えさせたい。必要に応じて、実際に挨拶を声に出して体験してみるなど、体験的な活動を取り入れることも効果的である。

学習指導過程

	学習活動（主な発問と予想される反応）	指導上の留意点
導入	1　学習の見通しをもつ ○「礼儀正しさ」とは、どんなことか。 ・挨拶ができる。 ・言葉遣いがよい。 ・相手のことを思って行動する。	・学習への視点を定め、ねらいとする価値への方向付けを行う。
展開	2　『ことばの真実』を読んで話し合う ○生徒や同僚が明るく挨拶をし合っていることを見て、「わたし」はどう感じたのか。 ・見ていて、気持ちがよい。 ・自分ができないのが恥ずかしい。 ・どうしてできるのだろう。 ○「おはよう」や「さようなら」を声に出して言おうとすることを難しいと感じる「わたし」には、どんな思いがあったのか。 ・勇気が出ない。 ・恥ずかしい。 ・今さら自分を変えるのは難しい。 ◎挨拶をはっきりできるようになってきた「わたし」は、どう思っているのか。 ・挨拶は、人と人との大切なつながりだ。 ・母や近所のおばさんの気持ちが分かった。 ・相手を思い、相手の立場に立つことが大切なんだ。 3　礼儀について、自己をさらに深く見つめて考える ○相手を大切にして、礼儀正しく接したことはあるか。そのときはどんな気持ちだったか。 ○経験した礼儀正しい言動をペアやグループで話し合い、お互いに再現する。	・礼儀正しい挨拶に触れたときの考え方、感じ方を共有する。 ・進んで挨拶をする習慣を付けることの難しさについての人間理解を深める。 ・実際に児童に「おはよう」「さようなら」を言わせて、自分事として考えられるようにする。 ・他者と挨拶でつながることの意味を、多面的・多角的に考えさせる。 ・児童の考えを分類して、板書に整理する。 ・礼儀正しい思いや行為についての現状認識を深める。 ・実際に礼儀正しい振る舞いを友達同士でやってみて、気付いたことや感じたことを考えて、行為の意義を確かめる。
終末	4　教師の説話を聞く	・教師が大切にしている礼儀正しい態度について、本時の学習とは違う視点から伝える。

ことばの真実

板書計画

礼儀正しい行動を行う際の道徳的価値の理解を視覚化する板書

挨拶をしたい心、挨拶をしたくてもできない心、また、それを乗り越えたときの心などを構造的に板書する。

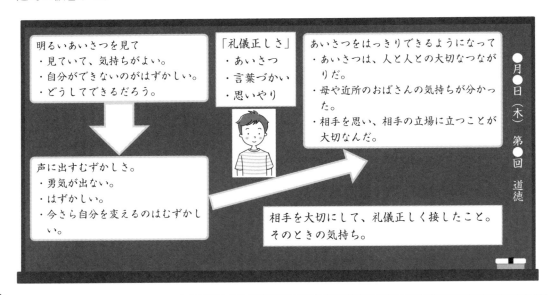

授業の実際

1　中心的な発問での話合い

T　「わたし」は、少しずつ、はっきりと挨拶をできるようになりましたね。みなさんも実際に「おはよう」「さようなら」といった挨拶をしてみましょう（体験的な学び）。さて、「わたし」は挨拶をどう思うようになったでしょう。
C　挨拶ができるようになって、うれしい。
C　挨拶は、人と人との大切なつながりだったんだ。
T　なるほど、挨拶の大切さに気が付いたのですね。
C　母や近所のおばさんの気持ちが分かった。
C　小さいときから続けていればよかった。
C　相手を思って、相手の立場に立つことが大切なんだ。
T　相手の立場に立った声かけですね。確かに気持ちよさそうです。
C　挨拶ができると、みんなが気持ちよくなる。
C　「社会が明るくなる」と書いている。
T　そうですね。「わたし」は、挨拶について、いろいろなことに気が付いていますね。
（読み取りにならないよう、教師から内容理解に関する事柄を示す。事前に用意した挨拶のよさを提示する）

・心の真実があらわれるもの
・相手の立場で、同感や行為や感謝を表す
・心と心が通じ合い、やわらぎ合う
・その場を明るくし、明るい社会を実現していく
・聞いていて気持ちよい

　　このようなよさを、みなさんも感じたことはありますか。
C　そう言われれば、そんな気もする。

体験的な学習のポイント

知的理解を踏まえ、礼儀正しい行為のよさの深い理解のために体験的な学習を活用する。

知的理解に関わることを掲示しておく（挨拶のよさ）。

自我関与を深める学習において

実際に「おはよう」「さようなら」といった挨拶をすることで、「わたし」への自我関与を深められるようにする。その上で、礼儀正しくすることのよさや難しさを考えられるようにする。

自己を見つめる学習において

礼儀正しい行為のよさを実感させるために、礼儀正しくできた経験を想起した後、それをペアで再現する。再現した後は、やってみた感想を問うことで、活動した意義を考えさせることが重要である。

2 体験的な学習の実際

T みなさんは、相手を大切にして、礼儀正しく接したことはありますか。そのときはどんな気持ちでしたか。

C 学校の挨拶運動で、挨拶を返してくれない子がいると残念だけど、私が「おはようございます」と言って、１年生が「おはようございます」と返してくれると、うれしい気持ちになります。

C 「ありがとう」「ごめんね」を進んで言うようにしています。そうすると、友達も笑ってくれます。

T そんなときは、どんな気持ちになりますか。

C 「もっと仲よくなれるな」と思います。

T 人間関係をよくしてくれる、お話の通りですね。

（中略）

T みなさんは、礼儀正しい行動が友達や先生、学校の仲間、地域の方々など、広くできているのですね。では、日直ペアで、今話したことや、聞いたことを再現してみましょう。お互いの目を見合って、コミュニケーションを意識して行います。自分の経験だけでなく、友達の経験を参考にやってみてもよいです。

評価のポイント

本時の指導の意図は、相手を尊重して、進んで挨拶をしたり、礼儀正しい態度で接したりしようとするときの思いを考えることである。中心発問や経験を想起する発問、道徳的実践に関する体験的な学習の発言や動作から、学習の状況を把握する。

ことばの真実

主　題	内容項目	主として人との関わりに関すること

友達を大切にするために　　B　友情、信頼

第5学年

知らない間のできごと

教　出　日文

出典　文部科学省「私たちの道徳　小学校5・6年」
　　　文部科学省「小学校道徳　読み物資料集」

1　ねらい

　友達のことを尊重する気持ちや友情を育もうとする姿について自分を見つめることを通して、よりよい友達関係を築いていこうとする意欲を高める。

2　主題設定の理由（指導観）

● ねらいとする道徳的価値（価値観）

　この段階の児童は、これまで以上に友達を意識し、仲のよい友達との信頼関係を深める一方、閉鎖的な仲間集団をつくる場合もある。そこで、相互の信頼の下に、真の友情を育てることが一層、重要になる。相手を尊重して、信頼し合える友情を築いていこうとする態度を育てたい。

● 児童の実態（児童観）

　児童は協力して活動し、仲のよい友達とは一層深い信頼関係を築いている。一方で、うわさに惑わされたり、気持ちがすれちがったりしたときに心を閉ざして、友達関係を崩してしまうこともある。自分は友達のことを尊重し、友情を育もうとしているのかを見つめさせたい。

3　教材について（教材観）

● 教材の概要

　2人の回想による教材である。〔あゆみの回想〕新しい学校に転校した帰り、みかから「仲よしになれそう」とメールアドレスを聞かれるが、携帯をもっていないので、家の電話番号を教えた。翌日、学校へ行くと、自分が前の学校で仲間はずれだったとうわさになっていた。あゆみはそうではないと訴えた。〔みかの回想〕帰りの会であゆみの話を聞き、うわさの原因が自分が送ったメールだと気付く。みかは、あゆみの家に電話するのだった。

● 教材活用の視点

　みかは、あゆみについて「友達あまりいないみたい」という推測のメールを友達に送ったが、その結果に悩みあゆみに電話した。みかの行動の在り方、友達を大切にする思いについて考えさせることから、自分の在り方を見つめる手がかりを得ることができるようにする。

4　指導のポイント

　自分の、友達に対する関わり方を振り返ることを問題として設定し、問題解決的な学習を展開する。みかが友達を大切にしているのかを問うて問題意識を高め、電話をするみかの心情を考えさせることで、友達を実際に大切にするために必要なことを考えさせていく。

学習指導過程

	学習活動（主な発問と予想される反応）	指導上の留意点
導入	1　自分の友達に対する関わり方を思い返し、学習の見通しをもつ ○みなさんは、友達を大切にしていると思うか。 ・友達と楽しく過ごしていて、大切にしていると思う。 ・いつも同じ友達とばかり仲よくしているから、十分ではないかもしれない。 ○本時の問題を確認する。 　　　自分は、友達を大切にしているだろうか。	・学習の見通しをもたせるため、ねらいとする道徳的価値に関する自分の在り方を考えさせる。
展開	2　『知らない間のできごと』を読んで、友達を大切にするとはどのようなことかについて考えをもつ ○みかさん自身は友達を大切にしていると思っているだろうか。 ・あゆみさんのイメージが悪くなるようなメールをしたから、大切にしていない。 ・あゆみさんと友達になろうとして声をかけたし、電話もしているから、大切にしようとしていると思う。 ○自分の過ちに気付いたみかさんは、一体、どんなことを思って電話をしようとしているのだろう。 ・あゆみさんを困らせてしまって、悪いことをした。 ・電話をかけにくいけれど、謝らなくては。 ・本当の謝りたい気持ち、友達になりたい気持ちを伝えなくてはいけない。 ○みかは、友達を大切にするために心に留めておきたいことはどのようなことと考えただろうか。 ・相手の気持ちを考えることだと思います。 ・はっきりしないのに決めつけないことだと思います。 ・自分の気持ちを素直に伝えることだと思います。 ・相手の気持ちを考えて、新しい友達に声をかけることです。 3　自分が友達を大切にしているかどうか、振り返る ○自分は友達を大切にしていると思うか。それはどのようなことか。	・みかのあゆみに対する関わりから、自分の考えをもてるようにする。 ・みか自身の友達への対応を通して、友達との在り方について考えさせる。 ・友達とすれ違って傷付けてしまった状況での心の中を、自分との関わりで考えられるようにする。 ・自分の在り方を振り返るときの手がかりを得ることができるよう、児童の考えを整理する。 ・本時で学んだことや自分を振り返って考えたことについて、ワークシートにまとめる。
終末	4　教師の説話を聞く	・学んだことを生かして、よい友達関係を築いていくよう意欲付ける。

知らない間のできごと

板書計画
主人公の分析から実践意欲へと導く板書構成

児童の思考に寄り添いながら、友達を大切にする思いだけでは不十分なことを確認し、友達を大切にするために必要なことを考えていく板書を構想する。

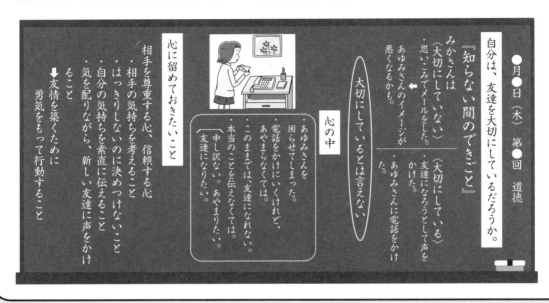

授業の実際

1 話合いを深めていく展開の実際

T みかさん自身は、友達を大切にしていると思っていたのでしょうか。

C あまり大切にしていないと思います。あゆみさんのイメージが悪くなるようなメールを流してしまったからです。

C 仲間はずれだったと思い込んでメールをしたのはよくなかったと思います。

C 大切にしていると思います。間違ったメールを流したけれど、最後はあゆみさんの家に電話をして、そして、仲よくなれたと思います。

C 遊びの約束をしようと思って声をかけたのは、大切にしているからだと思います。

C あゆみさんとは気が合うと思って声をかけたから、友達を大切にしようとする気持ちはあると思う。

T みかさんには、友達を大切にしようとする気持ちはありますよね。

C それはそうなんだけれど、メールのために悪いうわさになるかもしれないと考えなければいけなかった。後でどうなるかを考えていなかったので、大切にする気持ちはあっても大切にしていることにはならない。

T 気持ちだけでは、大切にしたことにはならないということですね。それでは、みかさんは、一体、どのような思いをもってあゆみさんに電話をしようとしているのでしょう。

（以下、電話をしようとするみかの心情についての話合い）

問題解決的な学習のポイント

友達を大切にしていくために必要なことを追究する話合いを工夫していく際に、以下の3点を留意する。

みかが友達を大切にしているかを自分事として考えることで、判断を求めていく。友達を大切にする気持ちはあるが行動として至らない点がある場合、どのように判断するかを確認し合った。

自分について考えることを直接、問題とすることで、教材を通して考える際の目的意識をもちやすくした。

友達との関わり方を自分事として考えさせることで、「友達関係の至らなさはどこにあったのか」ということに気付きやすいようにした。

2 教材から個々の学びへ

T 自分自身を振り返って、友達を大切にするときに心に留めておきたいことは何ですか。
C 相手の気持ちを考えて行動することです。
C 事実かどうか分からないことを、決めつけてしまわないことです。
C はっきりしないのに思い込みで行動すると、相手の気持ちを傷付けてしまうことになりかねないことです。
C 大切なことや謝らなければいけないことは、きちんと言葉で伝えることです。
C 悪いことをしたと思ったら、勇気をもって、素直に相手に話すことです。
C 最初は相手のこともよく知らないので、相手の気持ちを考えながら、新しい友達にも声をかけていくことです。
T 今日の問題についての自分自身の結論や学んだことをまとめましょう。
（ワークシートへまとめる）
T 今日学んだこと。それが、友達を尊重し、信頼する心かもしれませんね。その心を大切にすることは、よい友達関係を築くことにつながることでしょう。

………… 評価のポイント …………

本時の指導の意図は、よりよい友達関係を築くために、自分に何が大切かを考え、意欲を高めることである。

児童が、友達を大切にする視点をもって自分の行動を見直している学習状況をワークシートなどから把握する。

知らない間のできごと

主　題	内容項目	主として人との関わりに関すること
許すということ	B　相互理解、寛容	

第5学年
銀のしょく台

東書⑥　教　出
学図⑥　学　研
　　　　廣　あ

※⑥：第6学年掲載

出典　文部科学省「私たちの道徳　小学校5・6年」

1　ねらい

相手の立場に立ち、謙虚な心をもって広い心で自分と異なる意見や立場を尊重しようとする心情を育てる。

2　主題設定の理由（指導観）

● ねらいとする道徳的価値（価値観）

社会において良好な人間関係を築くには、他人の過ちを受け止め、許そうとする心の広さが不可欠である。過ちの背景にあるものを捉え、冷静に判断することが重要である。互いに理解し、許し合いながら支え高め合っていこうとする心情を育てたい。

● 児童の実態（児童観）

児童は、相手の立場に立って物事を考えることのよさを理解している。一方で、自分の利害だけを考えてしまったり、冷静に判断できず相手の立場を慮ることができなかったりすることもある。相手を尊重することの素晴らしさについて考えさせたい。

3　教材について（教材観）

● 教材の概要

ジャン＝バルジャンは、パンを盗んだ罪で19年間の刑務所生活を送り、釈放される。しかし、どこの宿屋も彼を泊めようとはしなかった。食事と寝る場所を与えた司教にもジャンは、素直さを見せることがない。しかも、銀の食器を盗んで逃げてしまう。警官に捕まり、ジャンは再び司教の前へ引き出される。しかし司教は、しょく台を渡し、ジャンはわなわなと震える。

● 教材活用の視点

相手の立場を理解して尊重することは大切なことだという「価値理解」、そうは言ってもなかなかできないという「人間理解」を図っていく。また、ジャンのこれからの人生が幸せになるようにと願う司教の、究極の思いやりにも触れさせたい。

4　指導のポイント

ミリエル司教の、ジャンを許し、さらに銀のしょく台まで与えるという行為について、自分ならどう思うかを考えさせる。道徳的価値を理解しながらも、実践することは難しいなど自己の生き方を視野に入れた考え方を交流させ、人間理解を図る。また、ジャンがわなわな震えているときの気持ちを問う。司教の広い心に触れたことで、彼は感動し、人生を変えることになる。寛容の素晴らしさに気付かせる。

学習指導過程

	学習活動（主な発問と予想される反応）	指導上の留意点
導入	1　しょく台の灯りを見ながら、感想を交流する ○しょく台の灯りを見て、どう思うか。 ・明るい。　・綺麗。　・あたたかい。 ○今日は、「許すということ」について考えましょう。	・教材への導入を図る。 ・しょく台の灯りが主人公ジャンを照らし、温かくするものであることに気付くために、実際の灯りを見せる。
	人を許すということは、どのようなことだろうか。	
展開	2　教材を読み、話し合う ○銀のしょく台をあげて許したミリエル司教の行動をどう思うか。 ・盗まれたのに、しょく台まであげるなんてすごい。 ・すごいけれど、自分にはできない。 ・なんでしょく台まであげたのかよく分からない。 ・ジャンのためにならない。	・教材を読んだ後、「ジャンは町の人に相手にされずにいたこと」「銀の食器・しょく台は、（質素な暮らしをしているミリエル）司教にとって唯一の贅沢であること」を確認して、物語の背景を理解させる。 ・児童の実態に合わないと感じたときは、最初に「銀の食器が盗まれたという話を聞いて、ミリエル司教はどんな気持ちだったか」と問い、様々な気持ちを引き出した上で、司教の行動について考えさせる。 ・道徳的価値を理解しながらも、実践することは難しいなど自己の生き方を視野に入れた考え方を交流させ、人間理解を図る。
	◎わなわなと震えていたジャンは、どのような気持ちだったか。 ・どうしてここまで優しくしてくれるのだ。 ・嘘をついてまで私を許すなんて、信じられない。 ・人間とはここまで温かいものなのか。 ・私は何をやっていたのだろう。	・思いもよらず自分自身が受け入れられ、尊重されたときの思いを自分との関わりで考えさせる。
	○ジャンに渡した銀のしょく台には、ミリエル司教のどのような思いが込められていたのか。 ・これから頑張りなさい。 ・今日からの人生が輝くように。	・ミリエル司教の行動の素晴らしさについて考えさせる。
	3　自分自身の生活に照らして考える ○今までに異なる意見や立場を尊重して、よかったことはあるか。	
終末	4　教師の説話を聞く	・教師自身が許すことの難しさを感じた経験談を話す。

銀のしょく台

板書計画

道徳的価値の理解と実現の難しさについて考える板書構成

　本時の主題である「許すということ」を明示し、相手を信じて許すことのよさと難しさについて、自分事として考えることにつながる板書を構想する。

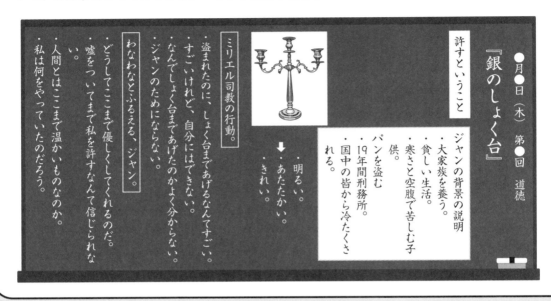

授業の実際

1　主題の提示

T　みなさんは、これが何か分かりますか。
C　見たことあります。
C　ろうそく立て。
C　何だろう。高級レストランで使うものですか。
T　これは、「しょく台」と言います。今から立っているろうそくに火を点けます。
（教室の電気を消す）
C　おおっ。
（数十秒間火を見る）
T　この火を見て、みなさんはどんな印象をもちますか。
C　ぼんやり明るくて、温かい。
C　違う世界にいるみたい。
T　今日のお話には、このしょく台が登場します。
　　ところで、みなさんは、一緒に過ごしている中で、お互いに許したり、時に許せなかったりすることがあると思います。
C　うんうん。あります。
T　許せたほうがいいけれど、どうしても許すことができないこともあるのではないですか。
C　何度も止めてと言っても、止めなかったりされたらいやです。
T　そうですね。今日は、人を許すということはどういうことなのか、みんなで考えましょう。
（ろうそくの火を消して、教室の電気を点けて主題を提示する）

許すということ

（教材提示）

自我関与を深める学習のポイント

しょく台という馴染みのない物への理解と教材への導入を図るために実物を準備する。

ポイント
- 児童同士が表情を見ることができるような座席配置。
- しょく台という馴染みのない物への理解と教材への導入を図るために実物を準備する。
- 主題名は短冊に書き、黒板のどこへでも移動できるようにする。移動させるときは、例えば、展開の後段において黒板の左端に意見などまとめるとき。近くに主題名を持ってくることで、授業のテーマを忘れずに考えることができる。

2　読み物教材の活用から個々のまとめ

T　わなわなと震えていたジャンは、どのような気持ちだったでしょう。
C　僕はなんてことをしてしまったんだ。
C　何でこんなに優しいのか。
C　自分が悪いのにどうして。
C　自分が情けない。
T　もう少し詳しく教えてください。
C　食事をもらって、泊めてもらってるのに、裏切って盗んでしまったことが本当に情けない。
C　驚きというか、何も言えない感じ。
（中略）
T　許すということについて、どんなことを考えましたか。
（ワークシートを使用。7〜8分待つ）
C　「どうして盗むんだ」と怒られたわけではなく、許されたことで反省することがすごいと思います。
C　許すというのは裏切られることもあるので、我慢というか、信じなければいけないと思いました。
C　ジャンは一度逃げているから、私だったら2度目は許せないかもしれません。

……… **評価のポイント** ………
　本時の学習の意図は、児童が人を許すということを自分事として捉えて、そのよさと難しさを考えることである。
　児童が人を許すということの背景にある思いや行動を自分事として考えているか、発言や聞く態度、ワークシートから見取る。

銀のしょく台

主　題	内容項目	主として集団や社会との関わりに関すること

法やきまりを守って　　C　規則の尊重

第5学年
お客様

光村
学研

出典　文部科学省「小学校道徳　読み物資料集」

1　ねらい

　法やきまりの意義を理解した上で進んでそれらを守り、自他の権利を大切にし、義務を果たそうとする態度を育てる。

2　主題設定の理由（指導観）

● ねらいとする道徳的価値（価値観）

　所属する集団や社会を構成する一員として規範意識を身に付けていくことは重要である。法やきまりの意義を理解した上で進んでそれらを守り、自他の権利を大切にし、義務を果すことのよさについて感得できるよう指導したい。

● 児童の実態（児童観）

　児童は、法やきまりの意義を理解し、守ろうとするようになってきた。一方、自他の権利を尊重することや義務を果たすことについては、まだできていない。自他の権利を尊重し、義務を果たすことのよさについて考えさせたい。

3　教材について（教材観）

● 教材の概要

　「わたし」が遊園地に行くと、ショーの前に係の人が安全面や周囲へ迷惑がかからないようにと声をかけていた。ショーが始まってすぐに、「わたし」の前にいた男の人が子供を肩車する。係の人がやめるよう伝え、男性は肩車を止めたが、お金を払っている「お客様である」と主張する。ステージの反対側では、木に登ってショーを見ていた人が木から落ちてしまう。「わたし」は係の人の注意や周りで起こったことをもう一度考えるという内容である。

● 教材活用の視点

　中心発問では、自他の権利を尊重し、義務を果たすことのよさについて考えさせるために、わたしが、会場を後にしたときにどのようなことを考えていたのかを問う。また、自他の権利を尊重し、義務を果たすことの難しさについても考えさせる。

4　指導のポイント

　自分との関わりで多面的・多角的に考えるため、役割演技を取り入れる。役割演技は、係員の注意に納得していない男の人、係員、わたしの3人で行う。男の人と係員が話しているところにわたしが割って入り、わたしが考えていることを男の人に伝える。教材中には、そのような場面はないが、わたしの心の中の声として発言させるようにする。

学習指導過程

	学習活動（主な発問と予想される反応）	指導上の留意点
導入	1　「権利」と「義務」という言葉について知る ○「権利」と「義務」という言葉を知っていますか。	・「権利」と「義務」という言葉について知り、ねらいとする道徳的価値の方向付けをする。
展開	2　『お客様』をもとに、話し合う ○わたしが係の人の注意を快く思っていなかったのは、どのような気持ちからか。 ・せっかくショーを見に来たのに係の人の注意がうるさい。 ・そんなに注意しなくてもいいのではないか。 ・もうほっとけばいいのに。 ○男の人がむっとした顔で係の人に言ったのを見たとき、わたしの心の中はどんなだろうか。 【男の人】 ・お金を払っているのだから肩車して見せてあげたい。 ・うちの家族は見られなくてもいいのか。 【係の人】 ・周りの人の迷惑になってしまう。 ・お客様だけど、やるべきことは守ってもらわないと困る。 【わたし】 ・お客様だけどやるべきことは守らないといけない。 ・みんなが迷惑してしまう。 ○会場を後にしたとき、わたしはもう一度どのようなことを考えていたか。 ・始めは、うるさいと思っていたけど、みんなのためだったのか。 ・お客様だけど、他の人を不快な思いにさせてはいけない。 3　自分の経験を振り返る ○自分や他人の権利を尊重して義務を果たしたことはあるか。 ・電車の中で電話がかかってきたけど、周りの人のことを考えて出なかった。	・義務を果たしていない人のせいで不利益を被ったときの感じ方について考える。 ・義務を果たさず、自分の権利ばかりを主張してしまうときのことについて、自分との関わりで考える。 ・権利を大切にすることについて多面的・多角的に考えるために役割演技を取り入れる。 ・権利を尊重し、義務を果たすことのよさについて自分との関わりで考えさせる。
終末	4　教師の説話を聞く	・教師が自他の権利を尊重し、義務を果たすことができた経験について話す。

主として集団や社会との関わりに関すること

板書計画

多面的・多角的に考える板書構成

役割演技で出てきた三者の気持ちを構造的に板書することで、多面的・多角的に児童が考えられるようにする。

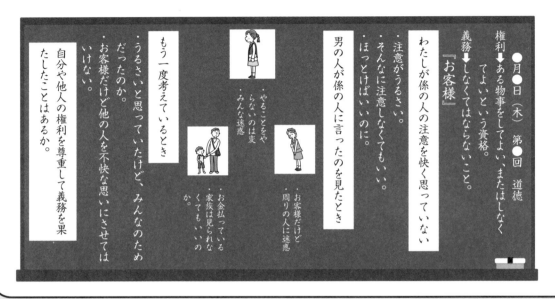

授業の実際

1 役割演技

T 男の人がむっとした顔で係の人に言ったのを見たとき、わたしの心の中はどんなだったでしょうか。今日は、この場面を演技してもらいます。
　まず、男の人。この人は、お客様だから肩車ぐらいいいだろうと自分の権利を主張し続けてください。係の人は、周りの人の迷惑にならないようにすることを主張し続けてください。わたしは、2人のやりとりを見ながら心の中で考えます。教材では、声を発していませんが、2人のやりとりを見て、会話に入っていってください。では、男の人をAさん、係の人をBさん、わたしをCさんやってください。みなさんは自分ならどのように言うか考えながら見ます。
C（A）お金を払っているのだから肩車ぐらいいいだろう！
C（B）肩車をしたら後ろの人が見えなくなってしまいます。
C（C）わたしは後ろにいて、見えませんでした。やっぱりお客様だけど、やることはやらないとだめだと思います。
C（A）俺らは見えなくてもいいのかよ。
C（B）そんなことはないですが、みんなが肩車しだしたら危ないです。
C（C）しかも、自分のやるべきことをやらないで言うのはおかしいと思います。
T カット。では、演じた人はどんな気持ちでしたか。
C（A）自分本位過ぎるけど、お金を払ったから気持ちも分かる…。
C（B）男の人は、他の人のことを全然考えてくれないと思った。
C（C）やっぱり周りの人のことを考えるべきだと思います。
T 見ている皆さんはどうでしたか。

体験的な学習のポイント

公正、公平に行動することの難しさ、よさを考えるため、役割演技を取り入れる。

多面的・多角的に考えられるように三者の意見について構造的に板書するようにした。

役割演技を取り入れ、登場する3人を即興的に演じることで自他の権利を尊重し、義務を果たすことの難しさについて考えを深めるようにした。

それぞれの立場になって考えさせることで、わたしに自分を投影して、考えられるようにした。

2　役割演技の続き（見ている児童）の中心発問

C　男の人は、自分の権利ばかり主張しているように思います。
C　係の人が言っているのにやめないなんてありえないと思います。
C　「わたし」も見えなかったけど、周りの人を考えたんだと思います。
T　なるほど。皆さん、いろいろな考えが出ましたね。それでは役割を交代して行います。
（繰り返し行う、省略）
T　皆さん、さらにいろいろな考え方が出てきましたね。「わたし」もいろいろな思いがあったと思います。そんな中で、帰るときに自分たちの周りで起こったことをもう一度考えていましたね。「わたし」はどんなことを考えていたでしょうか。
C　やっぱり男の人はおかしい。
C　みんなのことを考えた方がいいと思う。

C　自分のやらなければいけないことをやらずに、自分の権利ばかり主張していてはよくないと思う。
C　最初は、係の人の注意が嫌だなと思ったけれど、周りのことを思って言っていたのだと思い直した。
C　周りの人もお客様だから、その人たちにも見る権利があると思いました。

----------評価のポイント----------
　役割演技の場面において、自分との関わりで自他の権利について考えていたか。また、自分自身を振り返る際に、自己を深く見つめられているかについて評価をする。

主として集団や社会との関わりに関すること

お客様

主　題	内容項目	主として集団や社会との関わりに関すること
差別や偏見なく公平に	C　公正、公平、社会正義	

第5学年　　　　　　　　　　　　　　　　　　　　　その他
愛の日記（沢田美喜）

出典　文部科学省「私たちの道徳　小学校5・6年」
　　　文部省「小学校　読み物資料とその利用『主として集団や社会とのかかわりに関すること』」

1　ねらい

誰に対しても差別することや偏見をもつことなく、公正、公平な態度で接しようとする心情を育てる。

2　主題設定の理由（指導観）

● ねらいとする道徳的価値（価値観）

人間は自分と異なる感じ方や考え方、多数ではない立場や意見に偏った見方をしてしまう弱さをもっている。そのような差別や偏見を自分の身近にある問題として捉え、公正、公平な態度で行動することの難しさやよさを、実感を伴って理解できるように指導したい。

● 児童の実態（児童観）

児童は、差別や偏見がいじめなどの問題につながることは理解できているが、問題から目を背けてしまうことも少なくない。その弱さを乗り越えるために必要な「正義を貫く」という思いと、公正、公平に接することの難しさやよさについて考えさせたい。

3　教材について（教材観）

● 教材の概要

愛の父親は、アメリカ人と日本人の子で、沢田美喜が創立したエリザベスサンダーホームで育った。ベトナムから来たクラスメイトのリャンに声をかけられず悩んでいる愛に、父親は小さいころ偏見の目で見られたとき、沢田先生が言ってくれた「どこの国の人でも、同じ人間だ」という言葉を支えとしているという話をする。愛は沢田先生がみんなを同じように愛したということから付けられた自分の名前の由来を胸に抱き、リャンに声をかける。

● 教材活用の視点

公正、公平に接するという背景にある考えや思いを学級全体で追究していく。公正、公平に接することの難しさやよさを考えさせるために、児童を愛に自我関与させて、公正、公平にできなかったときの思いと、できたときの思いを比較させながら考えられるようにしたい。

4　指導のポイント

差別や偏見を自分の身近にある問題として考えさせるために、導入で具体的な場面を提示し、公正、公平にすることの難しさを感じさせる。そして、「公正、公平にできるのはどんな考えや思いがあるからだろう」という問題を設定し、『愛の日記』の登場人物に自我関与させながら公正、公平にできる考えや思いを捉えていく問題解決的な学習を展開する。

学習指導過程

	学習活動（主な発問と予想される反応）	指導上の留意点
導入	1 公正、公平に行動しにくい場面について考える ○右記のような場面に出合ったとき、どうしますか。 【①の場面】 ・声をかけて、道が分かれば案内してあげる。 【②の場面】 ・①の場面と変わらず声をかける。 ・言葉が通じないから声をかけられない。 ○本時の問題を確認する。	・差別や偏見を自分の身近な問題として考えることができるよう、問題場面を以下に設定して順に提示する。 ①あなたは、駅で道に迷っている様子の女の子を見付けました。 ②あなたは、駅で道に迷っている様子の外国の男の子を見付けました。
	差別や偏見なく、公正、公平にできるのは、どんな考えや思いがあるからだろう。	
展開	2 『愛の日記』をもとに、問題解決を図る ＊愛の考えや思いを想像してみよう。 ○リャンちゃんになかなか声をかけられなかったとき、愛はどのような気持ちだったか。 ・日本語があまり通じないから、どうやって話しかけたらよいか分からない。 ・6年生なのだからしっかり声をかけなければ。 ○父の小さい頃の話を聞いて、愛はどんなことを考えたか。 ・お父さんにも偏見の目で見られた経験があったんだ。 ・リャンちゃんもみんなと同じようにしてもらえなくて寂しいかもしれない。 ◎愛はどんな気持ちでリャンちゃんに声をかけたのか。 ・勇気を出して声をかけよう。 ・お父さんを救ってくれた沢田先生のようになろう。 ・「愛」という名前の通り、みんなを同じように愛そう。 3 公正、公平にするために大切にしたい考えや思いを考える ○今までの自分を振り返って、公正、公平であるために、どんな考えや思いを大切にしていきたいか考えよう。	・差別や偏見をもってしまい、公正、公平にできないときの考えや思いを自分との関わりで考え、人間理解を深める。 ・差別や偏見を受けている人の考えや思いを、自分との関わりで考えられるようにする。 ・公正、公平に行動するときの考えや思いを、自分との関わりで考えられるようにする。 ・ねらいとする道徳的価値を支える考えや思いを考えることで、自己の生き方についての考えを深める。
終末	4 教師の説話を聞く	・教師自身が公平にできなかった体験と、後悔の思いを話す。

主として集団や社会との関わりに関すること

愛の日記（沢田美喜）

板書計画

登場人物への自我関与を促す板書構成

児童の発言を黒板に書きとどめるだけではなく、板書をもとに児童の考えを広げたり深めたりする問いかけにつなげる。

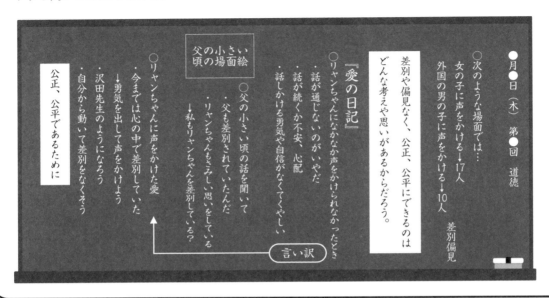

授業の実際

1 問題設定の場面

T 今からある場面を紹介するので、そのような場面に出合ったとき、自分ならどうするか考えてみてください。「あなたは、駅で道に迷っている様子の女の子を見付けました」。さて、どうしますか。

C 「どこに行くの？」と声をかけて、駅員さんのところに連れていってあげる。

C 声をかけても役に立たないかもしれないから、他の人に任せて何もしない。

T なるほど。今、「声をかける」と「声をかけない」の2通りの考えが出ていますね。自分だったらどちらの考えに近いか、手を挙げてみましょう。

C （それぞれ挙手）

T なるほど。では、次の場面ならどうでしょうか。「あなたは、駅で道に迷っている様子の外国の男の子を見付けました」。さて、どうしますか。

C 前と同じで声をかける。

C 外国の人は言葉が通じないかもしれないから声をかけない。

T では、今回も先ほどのように、「声をかける」と「声をかけない」のどちらの考えに近いか、手を挙げてみましょう。

C （それぞれ挙手）

T 先ほどと結果が違っていますね。これはどういうことでしょうか。

C 差別？

T 確かに差別ということもできるかもしれませんね。今日は、「差別や偏見をなくすために」ということをみんなで考えていきましょう。

（問題のカードを提示）

> 差別や偏見なく、公正、公平にできるのはどんな考えや思いがあるからだろう。

問題解決的な学習のポイント

公正、公平に行動することの難しさ、よさを考えるため、中心発問で切り返しの発問を行う。

ポイント③
この後、自分にとって公正、公平であるためにどんな考えや思いを大切にしたいかと、問題を「自分に置き換えて」考えた。

ポイント②
前の発問を振り返りながら、公正、公平にすることの難しさやよさを考えた。

ポイント①
公正、公平に行動するときの考えや思いについて、愛に自我関与させながら考えさせた。中心発問では切り返しの発問を行い、公正、公平に行動することの難しさ、よさを考えることができるようにした。

2 問題解決から個々のまとめ

T 愛はどんな気持ちでリャンちゃんに声をかけたのでしょうか。

C お父さんという身近な人が苦しんでいることを聞いて、リャンちゃんも苦しいはずと思ったから、声をかけた。

C 声をかけなかったときは、心のどこかで差別している気持ちがあったけど、それがなくなったから声をかけた。

T どうしてなくなったのかな。

C 父の思い出を聞いて、人が苦しむ差別はよくないと思ったから。

C 沢田先生の言っていた「同じ人間」という言葉に心を動かされたから。

T そんな思いで、愛は声をかけたのですね。でも、話を聞いてからすぐ声をかけられたわけではないですね。時間が少したっています。これはどうしてでしょうか。

C すぐには勇気がわかなかったけれど、父の昔の写真を見ているうちに、私が自分から沢田先生のようにならなくては、と思ったから。

T なるほど。なかなか難しいですが、「自分から動く」という姿勢が大事ですね。愛はこのような考えや思いで行動しました。皆さんは今日の授業を受けて、公正、公平であるために、どんな考えや思いを大切にしていきたいか、考えてみましょう。

> **評価のポイント**
> 本時の授業の意図は、児童が主人公に自我関与して、公正、公平であるときの思いを考えることである。児童が、公正、公平であるために大切にしたい考えや思いを考えている学習状況をノートの記述などで把握する。

愛の日記（沢田美喜）

主題	内容項目	主として集団や社会との関わりに関すること
働くということ	C 勤労、公共の精神	

廣 あ

第5学年
牛乳配り

出典　文部省「小学校　道徳の指導資料とその利用3」

1　ねらい

働くことの意義を理解し、進んで人のため、社会のために役立とうとする心情を育てる。

2　主題設定の理由（指導観）

● ねらいとする道徳的価値（価値観）

人は誰でも、「誰かのために役立ちたい」という欲求をもっている。児童が働くことの意義を理解し、「自分が働くことが、誰かのために役に立っている」という視点をもてるようにすることで、進んで働こうとする意欲を高めたい。

● 児童の実態（児童観）

高学年になると、みんなのための仕事に進んで取り組もうとする児童がいる一方で、働くことを面倒に感じる児童もいる。みんなのために進んで働こうとする心情を育てるために、働くことのよさややりがいに目を向けさせていきたい。

3　教材について（教材観）

● 教材の概要

主人公の明は、1人暮らしのお年寄りに毎朝牛乳を配る手伝いを頼まれ、仕方なく始める。冬になると、明は牛乳を配るのが辛くなり、「やめたい」と考えるようになる。そして、とうとう両親にその思いを伝えるが、ある朝、おばあさんからの感謝の手紙を読んで、自分の仕事が人のために役立っていることを知り、勤労への意欲を高める、という内容の教材である。

● 教材活用の視点

明に自我関与させ、積極的に働こうとする際の障壁となる、人間的な弱さを考えさせたい。そのような人間的な弱さを踏まえた上で、障壁を乗り越えたところにある、働くことの意義ややりがい、喜びを考えさせたい。そのために、おばあさんからの手紙を読んで、自分の働きが役に立っていることに気付いた明に、十分に自我関与して考えられるようにしたい。

4　指導のポイント

展開の前段では、人間的な弱さと働くことの意義の間で揺れる明に自我関与して考える際に、3〜4人の小グループで、お互いの考えを交流する場を設ける。そうすることで、児童の対話的な学びを促し、他者の考えも聞きながら、ねらいとする道徳的価値について自分事として考えることができる。

学習指導過程

	学習活動（主な発問と予想される反応）	指導上の留意点
導入	1 「働くということ」について、自分のこれまでを振り返って考え、発表し合う ○あなたにとって「働く」ということは、どんなことだと思いますか。 ・誰かのためになること　・お金を稼ぐこと ・喜んでもらえること　・疲れること	・自身の勤労観について振り返ったり、友達の考えを聞いたりすることで、ねらいとする道徳的価値について考えを深めるための素地とする。
	「働くことのよさ」について考えよう。	
展開	2 『牛乳配り』をもとに、ねらいとする道徳的価値について考える ○牛乳配りを父に頼まれたとき、明はどんなことを考えたでしょう。 ・大変そうだし、やりたくない。 ・何で僕が。 ・やりたくないけど、仕方がない。 ◎両親に「牛乳配りをやめたい」と言う前と言った後の明の考え方を比べてみましょう。 「やめたい」と言う前 ・朝、起きるのが辛い。 ・寒いし、手も痛くなる。 ・僕がやらなくても。 言った後 ・おばあさんが待っている。 ・お母さんも応援している。 ・自分が頼まれたことだから、やりとげたい。 ○おばあさんの手紙を読んで、力強くペダルをこぎ出した明は、どんなことを考えているでしょう。 ・辛かったけれど、続けてきてよかった。 ・待っていてくれる人がいるんだな。 ・明日も頑張ろう、という気持ちが湧いてきた。 3 自分自身を振り返って、働くことについて自分の生き方として考えを深める ○あなたにとって、「働くことのよさ」とは、どんなことだと思いますか。それは、どんなことから思ったことですか。	・後ろ向きな気持ちで、牛乳配りの仕事を手伝おうとしている明の人間的な弱さに目を向けられるようにする。 ・「おばあさんのためになるなら…」というような、他者を意識した考えも受け止めるようにする。 ・人間的な弱さを乗り越える前と乗り越えた後の考え方を比較して考えることで、働くことについての考えを深めさせる。 ・小グループ（3～4人）で、お互いの考えを聞き合う活動を取り入れることで、児童の対話的な学びを促す。 ・明に自我関与して働くことの喜びを考えることで、道徳的実践への意欲を高める。 ・導入で投げかけた問題に対する、自分なりの考えを、これまでの経験も想起しながら考えさせる。
終末	4 働くことについて書かれた詩を聞き、道徳的実践への意欲を高める	・『朝がくると』（まど・みちお）の詩を提示し、指導者が読み聞かせる。

主として集団や社会との関わりに関すること

牛乳配り

板書計画

心情を多面的・多角的に捉える板書構成

人間的な弱さと働くことの意義の間で揺れる明に自我関与して、自分事として考えられるような板書を構成する。

授業の実際

1　中心発問での話合いの実際

T　いやいやながら始めた牛乳配り。しばらく続けたけど、明は両親に「やめたい」って言ったんだよね。でも、その後また、牛乳配りを続けます。「やめたい」と両親に言う前と、言った後の明の気持ちを比べて考えてみましょう（一人一人が考える学習）。

　ではグループで、考えを話し合ってみましょう。必ず全員の考えを聞けるようにしてください（3〜4人のグループで考えを交流し合う。座席移動を指示し、7〜8分程度行う）。

【グループでの話合い】

C　「やめたい」って言う前は、明は本当に嫌だったと思うな。朝、辛いし。

C　私もそう思う。「何で僕がやらなきゃいけないの？」って思っていたと思う。

C　「やめたい」って言った後は、お母さんにも言われて、「やめられないな」っていう気持ちだったと思う。「仕方ない」とか？

C　お母さんに「おばあさんが待っている」と言われて、「やっぱりやらなきゃいけないんだ」って気付いたんだと思う。

（もとの位置に戻るように指示）

【全体での話合い】

T　それでは、今の話合いを通して、自分が考えたことを、今度はみんなに教えてください（挙手させ、指名）。

C　「やめたい」って言う前は、本当に嫌だったと思うけど、お母さんに「おばあさんが待っている」と言われて、「頑張って続けよう」っていう気持ちになったのだと思います。グループの○○さんが言っていたのを聞いて、「そうだな」と思いました。

自我関与を深める学習のポイント

3～4人の小グループでお互いの考えを交流する場を設けることで、明に自我関与して考える。

- 話し合う際には、「①全員が発言すること」「②考えを否定しないこと」等のルールを決めて行い、児童相互の考えを交流しやすくする。
- 友達と考えを交流し合うことで、「そういう考えもあるのか」等、ねらいとする道徳的価値について、多面的・多角的に考えようとする態度を養うようにする。
- グループでの話合いを取り入れることで、児童の対話的な学びを促すことができるようにする。

2　ねらいとする価値について考えを深める

T　ある朝、おばあさんからの手紙を見付けた明。手紙を読んだ後、力強くペダルをこぎ出した明は、どんなことを考えているでしょう。
C　続けてきてよかったな。
C　手紙をもらえてうれしい。
C　これからも続けていこう。
（児童を何人か指名し、考えを聞いた後）
T　でも明は一度は「やめたい」っていう気持ちになっていたよね？　もうそういう気持ちはないのかな？
C　まだ少しはあると思う。朝起きるのは辛いだろうし。
C　僕はもうないと思う。
T　なぜそう思ったの？　詳しく聞かせて。
C　だって、自分のやっていることが、「ただ牛乳配りをしているだけじゃない」ってことに気付いたから。

T　今、○○君が「明は牛乳配りをしているだけじゃないことに気付いた」って言ってくれたけど、どんなことに気付いたのだろう。みんなはどう思う？
C　「誰かのための大事な仕事」ってことに気付いたんじゃないかな。
C　「自分の仕事で、誰かが喜んでくれる」っていうことに気付いたんだと思う。

> ……… 評価のポイント ………
> 本時の指導の意図は、働くということのよさについて、他者と関わり、自分の生き方と関わらせて考えを深めることである。友達と関わりながら、自分の生き方として考えを深めていたかについて、発言やワークシートなどへの記述から見取る。

牛乳配り

主　題	内容項目	主として集団や社会との関わりに関すること

家族の一員としての自覚　　C　家族愛、家庭生活の充実

第5学年
卵焼き

その他

出典　文部省「小学校　道徳の指導資料とその利用1」

1　ねらい

父母、祖父母を敬愛し、家族の幸せを求めて、進んで役に立とうとする態度を育てる。

2　主題設定の理由（指導観）

● ねらいとする道徳的価値（価値観）

家族は児童が初めて所属する社会集団である。そして、家庭は児童が家族との関わりを通して愛情をもって保護され、育てられる最も心を安らげる場である。よりよい家庭生活を構築するために、家族の一員としての自分の役割を自覚できるようにしたい。

● 児童の実態（児童観）

児童は家族一人一人の役割や自分が果たすべき役割を理解しており、よりよい家庭を築くために努力する姿が見られる。しかし、家族に対する甘えから理不尽な言動をすることもある。家族の愛情を実感することでそれに応えようとする態度を育てたい。

3　教材について（教材観）

● 教材の概要

主人公「由紀」が、遠足の弁当をめぐって自分の思いを果たそうとすることで、父母とトラブルになる。しかし、父母の自分に対する愛情を感じて、家族の役に立つことをしようとする意欲を高める内容である。

● 教材活用の視点

本時では、「卵焼きがほしい」と駄々をこね、父親に叩かれて布団の中にもぐりこんだ由紀の気持ちを中心に家族との関わりを考えさせる。自分のわがままを通そうとすることが問題であることは多くの児童は分かると思われるが、父に叩かれたことについては、様々な思いを抱くであろう。由紀に自我関与して、家族の苦労を理解しているつもりでも、つい わがままを言ってしまう人間の弱さなど、多様な感じ方、考え方にも出合わせたい。

4　指導のポイント

家族は児童にとってもっとも身近な存在であり、児童のよき理解者である。児童は家族からの愛情を受けるが、ともするとそのことを当然のことと受け止め、主体的に家族に関わろうとしないことも少なくない。家族関係は一人一人が自分の役割を自覚して、よりよい家庭を構築しようとする思いが結集することでより確かなものになる。家族からの愛情を改めて考え、それを受け止めることのよさや難しさを考えさせるようにしたい。

学習指導過程

	学習活動（主な発問と予想される反応）	指導上の留意点
導入	1　家族に世話になった経験を想起し、発表し合う ○今までに家族から「世話になったなあ」と感じたことはあるか。そのときはどんな気持ちだったか。 ・風邪をこじらせてしまったときに、夜通し看病をしてくれた。ありがたいと思った。 ・体操クラブの大会で失敗したときに、励ましてくれた。次は頑張ろうと思った。	・家族から世話になった経験を想起することで、ねらいとする道徳的価値への方向付けをする。
展開	2　『卵焼き』を読んで、家族との関わりについての考えを深める ○母に卵焼きをねだる由紀はどんな気持ちだったか。 ・せっかくの遠足だから自分の願いを聞いてほしい。 ・みんなと同じでないと嫌だ。 ・なぜ、子供の頼みを聞かないのか。 ◎とうとう父に叩かれた由紀は、布団の中で泣きながらどんなことを考えていたか ・子供を叩くのはひどい。 ・自分の子供がかわいくないのか。 ・父母の言うことを聞くべきだった。 ・父母は疲れているのに、わがままを言い過ぎた。 ○松の木の下で1人卵焼きを食べて涙を流す由紀は、どんな気持ちか。 ・卵焼きが食べられてうれしい。 ・父母の愛情がうれしい。 ・父母に迷惑をかけてしまった。 3　家族との関わりについての体験を想起して、自分の在り方を自覚させる ○今までに家族のことを考えて何か役立つことをしたことはあるか。また、やろうと思ったができなかったことはあるか。 ○今まで、どのように家族と関わっていただろうか。	＊父母に対する様々な感じ方、考え方をもとに、自分の家族との関わりを考える。 ・家族に甘えがちな自分自身を見つめさせる。 ・由紀に託して父母に叱責を受けた体験を想起させる。 ・家族の愛情を受けたときの心情を想起させる。 ・家族に関わる多様な体験をもとに自分自身を振り返る。 ・自分と家族との関わりを想起させ、現在の自分を自覚させる。 ・多様な体験をもとに、家族との関わり方を自覚させる。
終末	4　教師の説話を聞く	・教師自身が家族からの愛情を受けたときの所感を話す。

主として集団や社会との関わりに関すること

卵焼き

板書計画
道徳的価値の実現の背景を追究する板書構成

　本時の「家族愛、家族生活の充実」に関わる問題を明示して、教材をもとに自分との関わりで考える学習を促すような板書を構想する。

授業の実際

1 　中心発問での話合いの実際

T　由紀は、とうとうお父さんに叩かれてしまった。布団の中でどんなことを考えていたのでしょう。
※問題場面を焦点化するために1枚絵を提示。
C　卵焼きを作ってくれない親は嫌いだ。
C　親ならもっと子供に優しくして、卵を朝一番で買ってくるとか、そういうように子供に優しく接してほしい。
C　こんなに頼んだのに、お父さんもお母さんも意地悪だ。
C　いくらなんでもぶつなんてひどい。
T　なるほど、同じようにぶつのはひどいと思う人はいますか（数名挙手）。
C　もう、遠足なんて行きたくない。
C　もし、お弁当に卵焼きが入っていなかったら、絶対遠足には行かない。自分だけ仲間外れになってしまう。
C　お父さんもお母さんも大嫌いだ。

T　同じような考えの人はいますか。叩かれたのに嫌いではないのですか。
C　そのときは一時的に嫌いになるかもしれないけれど、すぐに好きになると思う。
C　卵焼きを作ってくれたら好きになる。
C　親がいないとまだ生きていけないから、嫌いとは言えない。
C　自分のことを考えて叩いてくれたのだから、嫌いにはならない。
T　お父さんやお母さんに対して意地悪、嫌いという考えが出ましたね。
C　出世しても面倒をみてやらない。
C　自分が悪かったという気持ちもある。
C　子供のために叩くこともあると思う。
C　由紀が悪いんだから仕方がないよ。
C　それでもお父さんはやりすぎだよ。
C　そうやって、子供を甘やかすからいけないんだ。ぐれちゃったらどうするんだ。

自我関与を深める学習のポイント

自我関与を深める学習を行うため、以下の3点を大切にする。

ポイント①
登場人物への自我関与を深めるためには、児童が教材の世界に入り込み、登場人物を身近に感じられるようにすることがポイントとなる。

ポイント②
児童が教材の世界に入り込むようにするためには、教材提示が重要となる。授業者が臨場感あふれる読み聞かせをするように心がけていく。

ポイント③
本時の学習の中心は、由紀に託して家族からの愛情を改めて考え、それを受けとめることのよさや難しさを考えさせるようにするために、布団をかぶってしまった由紀の様子を一枚絵にして提示した。

point!

2 自己の生き方についての考えを深める

T さあ、みなさんは家族といろいろな関わりがあると思いますが、今までに家族のことを考えて何か役立つことをしたことはありますか。それはどんな考えからですか（書く活動）。

C お母さんの体の具合が悪かったので、食器洗いや洗濯、掃除をした。いつもお母さんにしてもらっていたから。

C 家族が疲れて帰ってきたときに、風呂掃除や皿洗いをした。家族に楽をさせたいと思った。

C ぼくはあまり家族のために役立っていないと思う。家の人がかぜをひいたりしたときは、何かしようといろいろ手伝っているけど、今度からはかぜのときでなくても何かしようと思う。

C お母さんが忙しいときに、家事を手伝います。自分のできることはなるべくやるようにしています。

C 私の家では、一人一人役割が決まっています。私は、食卓の準備と片付けですが、面倒臭くなってしまって嫌々やることもありました。

T なるほど、家族の役に立つことは大切だけれども案外難しいこともありますね。
（以下略）

> ………… **評価のポイント** …………
> 児童が由紀の感じ方、考え方を自分事として考えていたかを発言やつぶやきをもとに把握するように心がける。また、自分自身の経験の想起を書く活動を通して行う。ワークシートの記述とともに、気になる部分については授業後に聞き取りを行い、児童の思いを把握した。

卵焼き

主 題	内容項目	主として集団や社会との関わりに関すること
集団の一員として	C	よりよい学校生活、集団生活の充実

第5学年
森の絵

出典 文部省「小学校　読み物資料とその利用『主として集団や社会とのかかわりに関すること』」

1　ねらい

集団の中で自分の役割を自覚し、主体的に責任を果たそうとする意欲を育てる。

2　主題設定の理由（指導観）

● ねらいとする道徳的価値（価値観）

集団生活充実のためには、自分の役割と責任を自覚して充実した集団生活を構築しようと努力することが大切である。身近な集団の活動に積極的に参加し、自分の位置や役割を自覚して責任を果たし、主体的に協力して、全体の向上に役立とうとする心情を養えるよう指導したい。

● 児童の実態（児童観）

高学年になると、中心となって仕事を取り組む機会が多くなる。しかし、自分の役割に対していい加減に取り組んだり、軽視したり、人任せにしたりする児童もいる。集団の一員として大切なことは何かを考えさせ、自分の役割や責任を果たそうとする意欲を育てたい。

3　教材について（教材観）

● 教材の概要

学級は発表会が近付くにつれて劇の練習や準備で大忙しとなったが、えり子は、オーディションに落ちたことでどこか仕事に対して投げやりだった。しかし、文男の仕事をしている姿勢や「誰かがやらないと、劇にならないじゃないか」という言葉に、えり子は責任をもって仕事をする大切さに気付き、自分の仕事をやり遂げようという気持ちになった。

● 教材活用の視点

仕事に対して投げやりになってしまう気持ちを理解しつつも、物事を成功させるためには、一人一人が大切な役割を担っていることを考えさせ、責任をもってやり遂げる大切さについて考えさせる。そこで、児童をえり子に自我関与させて、「自分の役割を自覚し、責任を果たそうと気付いたときの思い」を考えられるようにしたい。

4　指導のポイント

一面的な見方から多角的な見方に発展できるように、「自分の役割を自覚し、責任を果たそうと気付いたときの思い」について、他の道徳的価値とのつながりを多角的に考えられるようにする。そこで、責任を果たそうと気付いたとき、どのような思いで取り組んでいるかを想起させ、その思いの背景にあったものは何かを、『森の絵』を通して追究させる。

学習指導過程

	学習活動（主な発問と予想される反応）	指導上の留意点
導入	1　以下のアンケート結果（3点）をもとに、集団の一員として、様々な活動に対して今までの自分の役割に対する取り組み方についての結果を聞く ・自分はどんな集団にいるかについて。 ・その集団での役割とは何かについて。 ・その役割をしっかりできているかについて。	・自分の役割に対して、役割によって手を抜いてしまうのは、悪いと分かっているにもかかわらず、ついつい手を抜いてしまう自分に気付かせる。
	集団の一員として大切なこととはどんなことだろうか。	
展開	2　『森の絵』をもとに、話し合う ○めぐみの演技を見たり、道具係が作ったものに色を付けたりしているときのえり子の気持ちはどうか。 ・本当は女王がしたかった。 ・あまりやる気にならないな。 ・怠けたいわけではないのだけれども。 ○文男の「誰かがやらないと劇にならないじゃないか」といった言葉が心の中を駆け巡っているとき、えり子の気持ちはどうか。 ・自分は甘かったな。 ・そう考えられる文男はすごいな。 ・私も大切な1人だ。 ・仕事に大きい小さいはない。 ◎「もう少し、ブルーでかげをつけようかなと思っている」と言ったときえり子は、どのようなことを考えていたか。 ・成功させるためにできることをしたい。 ・みんなの役に立つのはうれしいな。 ・難しいことがあっても、くじけずに最後までやり遂げよう。 ・友達と協力して取り組むのはいいな。 3　役割を自覚し、責任を果たせたり、果たせなかったりしたときの経験やそのときの気持ち（思い）について振り返る ○集団生活の中で自分の役割を理解して責任を果たせたことはあるか。また、果たせなかったことはあるか。	・役割を自覚できずに投げやりに取り組んでいるときの気持ちを自分との関わりで考えさせる。 ・集団を支えているのは自分たち自身であると気付いたときの気持ちを考えさせる。 ・自分の役割を自覚し、責任を果たそうと気付いたときの思いを多角的に考えさせる。 ・これまでの自分の経験やそのときの感じ方、考え方と照らし合わせる。
終末	4　教師の説話を聞く ・感想を書く。	・教室の中で役割を自覚し、生き生きと責任を果たす児童を紹介する。

主として集団や社会との関わりに関すること

板書計画

児童の多角的な反応を分類し、視覚化する板書構成

「自分の役割を自覚し、責任を果たそうと気付いたときの思い」を明示して、一面的な見方から多角的な見方へ発展できるような板書を構成する。

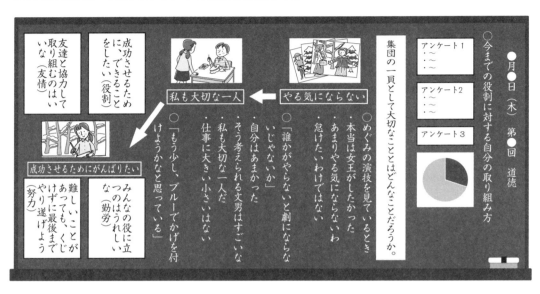

授業の実際

1　導入　問題設定の場面

T　今日の学習のテーマは、「集団の一員として大切なこととは何か」です。
　この前、みんなに3つのアンケートをしました。
　1つ目は、自分はどんな集団に所属しているかについてです。「教室、学校、少年団、地域…」というものがありました。
　2つ目は、その集団での役割とは何かについてです。
　学級であれば、委員長、生き物係、班長…。
　学校であれば、委員会やクラブでの代表…。
　少年団であれば、キャプテン、チームスポーツのポジション…。
　地域では、町内会の子供会の役員…でした。
　3つ目は、その役割をしっかりできているかについてです。この結果については、できていると思っている人が3割でした。

T　このことについて、教えてください。
C　僕はサッカーのゴールキーパーだけど、僕の失敗はチームの負けになるから体をはって守っているよ。
C　私は、委員会では、ポスターを提出日までに出せなかったことがあるんだよね。
C　先週の学芸会での役（主役）は、頑張ってやり遂げたと思うよ。
T　なるほど。その集団の中で大きな役を引き受けている場合はしっかりやっているということなのかな。では、集団の中で大きな役を引き受けていない場合はどうだろう。今と同じ気持ちで、やり遂げられるだろうか（間）。今日は、「集団の一員として大切なこととはどんなことだろう」について、みんなで考えていきましょう。

問題解決的な学習のポイント

問題意識を高めるため、「児童の実態を知る」「学ぶ価値と把握した実態とのズレを問う」工夫をしていく。

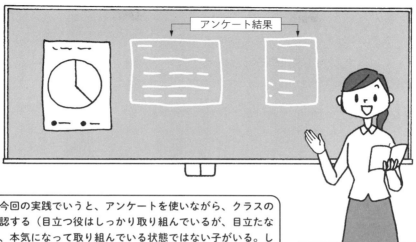

例えば、今回の実践でいうと、アンケートを使いながら、クラスの現状を確認する（目立つ役はしっかり取り組んでいるが、目立たない役には、本気になって取り組んでいる状態ではない子がいる。しかし、このままでよいとは思っていない）。そこで、「いけないと分かっているにもかかわらず手を抜いてしまう自分に気付かせる」ことで、問題（集団の一員として大切なこと）を自分事として捉えられるようになる。

問題意識を高めるためのポイント
・児童の実態を知る。
・学ぶ価値と把握した実態とのズレを問う。

2 多角的な見方に発展させる場面

T 「もう少し、ブルーでかげをつけようかなと思っている」と言ったとき、えり子は、どのようなことを考えていたでしょうか。自分の考えをノートに書きましょう。
（書く活動）

T 4人グループで、それぞれの考えについて聞き合ってみましょう。

C 成功させるためにできることをしたい。

C みんなの役に立つのはうれしいな。

C 難しいことがあっても、くじけずに最後までやり遂げよう。

C 友達と協力して取り組むのはいいな。

T どのような考えが出ていたか発表しましょう。

※児童の発表を板書していく。板書計画を参照。

T 様々な考えが出てきましたが、友達の発表を聞いて、「なるほどそれもありだな」と思う考えをノートにまとめましょう。

T 今度は、みなさんが役割を自覚し、責任を果たせたり、果たせなかったりしたときの経験やそのときの気持ち（思い）について振り返ってみましょう。

……… 評価のポイント ………

本時の指導の意図は、集団の中で自分の役割を自覚し、主体的に責任を果たそうとするときの思いを考えることである。

児童が「自分の役割を自覚し、責任を果たそうと気付いたときの思い」をえり子に自我関与させて、一面的な見方から多角的な見方へと深めて考えているかをノートの記述や発言から把握する。

森の絵

主題	内容項目	主として集団や社会との関わりに関すること
受け継ぐ伝統	C 伝統と文化の尊重、国や郷土を愛する態度	

第5学年 人間をつくる道 ―剣道―

学図⑥
日文⑥
※⑥：第6学年掲載

出典 文部科学省「私たちの道徳　小学校5・6年」
文部科学省「小学校道徳　読み物資料集」

1　ねらい

我が国の伝統や文化を大切にしようとする心情を育てる。

2　主題設定の理由（指導観）

● **ねらいとする道徳的価値（価値観）**

国際社会に貢献するには、我が国の伝統や文化を大切にしようとする心が基盤となる。日本の伝統や文化、歴史、先人の生き方に目を向け、生きることの意味を知り、より一層我が国の伝統や文化を理解し、尊重できるよう指導したい。

● **児童の実態（児童観）**

児童は、これまでの様々な学習で伝統行事に触れ、多くの経験をしている。一方で、そのような伝統や文化が自分たちとどう関わっているかまでは意識が及んでいない。伝統や文化をより大切にするために、自分がどう関わればよいかを考えさせたい。

3　教材について（教材観）

● **教材の概要**

主人公の「ぼく」は、剣道に興味をもち、稽古に通う。細かいきまりに戸惑いを感じながらも、稽古を重ねたが、試合の日、1回戦で負けてしまった。ふてくされた態度で引き上げる「ぼく」に先生は、「他の試合も見なさい」と注意する。大人の試合を見て、その動きの美しさに感動するとともに、日本人が大切にしてきた「礼」のよさを知る。次の稽古で改めて先生の話を聞き、長い間受け継がれてきた「人間をつくる道」について考えを深めていく。

● **教材活用の視点**

剣道、柔道などの武道を始め、茶道、華道、書道等の我が国の伝統文化は、技を磨くばかりでなく礼を重んじ、「道」を追求していくものである。「礼で始まり、礼で終わる」という意識が根底にある。そこで本時では、「道」という言葉をキーワードの1つにして「『人間をつくる道』とはどういうことか」を考える。「道」が何であるかを考えることを通して、我が国の伝統や文化を大切にしようとする態度を育てるようにしたい。

4　指導のポイント

ねらいにある「我が国の伝統や文化」といっても抽象的なものである。それを具体的なものにするために、問題解決的な学習を展開する。「人間をつくる道」が何であるかを考え、その「道」を具体的に考えていくことで、我が国が昔から大切にしてきた精神を育んでいきたい。

学習指導過程

	学習活動（主な発問と予想される反応）	指導上の留意点
導入	1　自分の問題として捉え、主体的に学ぶ構えをつくる ○剣道と同じように「道」がつく日本のものをあげましょう。また、それは何を表していますか。 ・柔道、合気道 ・茶道、書道、華道 ↓ 「道」とは、人生・人の生き方	・考えるきっかけをつくる。 ・「道」に含まれている意味が一面的ではないことを押さえる。
	「人間をつくる道」とはどういうことだろうか。	
展開	2　『人間をつくる道』をもとに、問題解決を図る ＊主人公「ぼく」の思いを想像してみよう。 ○厳しい剣道の稽古に励んでいるとき、どのような気持ちだったか。 ・面倒でつらい。 ・１年も同じような練習だ。もうやめたい。 ・絶対にうまくなりたい。勝ちたい。 ○大人の試合を見ながら、どんなことを考えただろうか。 ・こういう大人になりたい。 ・自分と違ってとても美しい姿。 ・どうして、負けても立派な態度でいられるのか。 ◎「人間をつくる道」とはどのようなことと考えただろう。 ・生きていく上で人と接していく礼儀が大切。 ・相手を敬う心をいつでも忘れない。 ・ずっと自分を磨いていくこと。 ・失敗しながら自分の道を極めていくこと。 3　伝統や文化を視点として自分を振り返る ○日本の伝統や文化で受け継がれてきているものや心を書きましょう。また、今までどのように関わってきましたか。	・自分の問題として捉え、主体的に学ぶ構えをつくる。 ・誰しも相反する気持ちがあることを考えさせる。 ・自分の経験をもとに想起できるようにする。 ・大人の試合を見て、考えが変わってきたことに気付かせる。 ・３〜４人のグループで話し合い、友達の意見との相違点や、共通点を確認する。 ・「人間をつくる道」に日本人が大切にしている思いや願いがあるという視点を大切にする。
終末	4　教師の説話を聞く	・教師自身が感じる「礼に始まり、礼で終わる」ことが大切だと感じたこと、日本の文化の素晴らしさを話す。

人間をつくる道 —剣道—

板書計画
児童が振り返りをしやすい板書構成

本時の問題「『人間をつくる道』とはどういうことだろうか」を提示して、主人公に自我関与させ、1時間の中で追究していくことを明確にする。

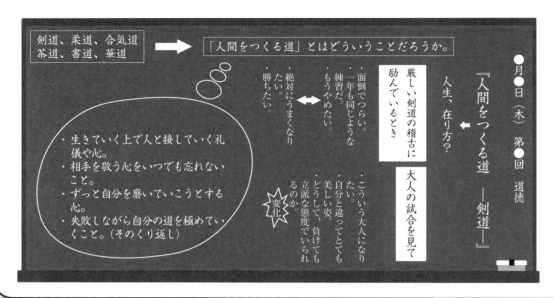

授業の実際

1 主体的に学ぶ構えをつくる

T 剣道の「道」と同じように、「道」がついて日本らしさを感じるものはありますか。
C 柔道、剣道、合気道。
T そうですね。武道と呼ばれるものですね。どんなイメージですか。
C 練習が厳しい感じがする。
C 人間関係が難しそう。
T なるほど、いろいろな決まり事が多いようですね。でも、スポーツ以外にもありませんか。
C 書道、華道、茶道。
T そうですね。文化的なものもありますね。では、これらに全てに共通することは、何でしょう。
C 礼儀作法などを重んじること。
C 人と人との触れ合い。
T なるほど。確かに全て、礼儀を大切にしていますね。ではこの「道」とは、何を表しているのでしょうか。
C 人が歩んでいく道のようなものだと思います。
C 人生や人の生き方、在り方、生き様だと思います。
T よく考えられました。様々な意味がありそうですね。今日はこのことをみんなで考えていきましょう。
（問題のカードを提示）

「人間をつくる道」とはどういうことだろうか。

今日の教材の題名でもあります。この1時間を通じて、主人公の立場になって考えていきましょう。
（教材提示）

問題解決的な学習のポイント

問題を自分に引き寄せて考えさせるようにする。

ポイント①
本時では、「道」という言葉をキーワードの1つにして「『人間をつくる道』とはどういうことか」を考える。「道」が何であるかを考え、その「道」を具体的に進んでいくことによって、よりよく成長していくことをつかませたい。

ポイント②
教材の剣道だけでなく、柔道などの武道や茶道、書道、華道といった文化的なものも経験している児童もいる。そういった経験を想起させながら、「『人間をつくる道』とはどういうことか」を話し合わせたい。

2 問題解決から個々のまとめ

T 僕は、「人間をつくる道」とはどのようなことと考えたでしょうか。

C 剣道の先生が教えてくれたように、相手を敬うことが大事であり、それが日本の精神だと思います。人は、1人で生きていくことができないので、人と接していく上で一番礼儀が大切という意味だと思います。

C 私も似ていますが、相手を敬う心をいつでも忘れないことを言っているのだと思います。

T そうですね。よく「おもてなし」とも言いますね。相手を思いやる他者意識は、日本の心かもしれませんね。

C ずっと自分を磨いていくことだと思います。有名なプロ選手になっても、練習をたくさん続けています。自分の道を極めていくことにつながると思います。

T 人間国宝になっても、まだまだ道半ばと答える人さえいますね。

C 失敗しながら自分の道を極めていく心だと思います。人間なので失敗するのは仕方がないと思います。そこから学ぶ、人生とはそういった繰り返しだと思います。

T 「心」とはよい言葉ですね。それでは、今まで話し合ってきた「人間をつくる道」と同じように、日本の伝統や文化で受け継がれてきているものや心を振り返ってみましょう。

……… **評価のポイント** ………
「人間をつくる道」という問題に対して自分なりの答えを出せたか、そして、日本の伝統や文化を受け継ぐことについて自分事として考えたかについて発言やワークシートなどで把握する。

主として集団や社会との関わりに関すること

人間をつくる道 ―剣道―

主　題	内容項目	主として集団や社会との関わりに関すること
世界の人々と仲を深める	C　国際理解、国際親善	

第5学年

ペルーは泣いている

日　文　学　研
学図⑥
※⑥：第6学年掲載

出典　文部科学省「私たちの道徳　小学校5・6年」
　　　　文部省「小学校　読み物資料とその利用『主として集団や社会とのかかわりに関すること』」

1　ねらい

他国の人々や文化について理解し、国際親善に努めようとする心情を育てる。

2　主題設定の理由（指導観）

● **ねらいとする道徳的価値（価値観）**

国際親善に努めるには、他国の人々も伝統や文化に愛着や誇りをもって生きていることを理解することが大切である。そのためにも、外国の人々と交流活動を進めたり親しくしたりするよさを考えさせることで、国際親善に努めようとする心情を育てたい。

● **児童の実態（児童観）**

児童は、これまでの学習や日常生活を通して、他国の人々や文化に親しみ、関心をもっている様子がうかがえる。一方で、他国の人々の文化について十分に理解しているとは言えない。そこで、他国を理解し、国際親善に努めるよさについて考えさせたい。

3　教材について（教材観）

● **教材の概要**

加藤明（アキラ）は、ペルーの女子バレーボールチームの監督になり、文化や習慣の違いを乗り越え、ペルーの選手たちと心を通わせて、チームを南米1位へ導いた。彼が亡くなったときには、「ペルーは泣いている」と新聞で報じられ、9年後には、アキラの名前をつけた小・中学校が建てられるほどであった。1967年の女子バレーボール世界選手権の実話をもとにした教材である。

● **教材活用の視点**

他国の文化を理解するために、積極的に交流し、国際親善に努めるよさを考えさせていく。そこで、児童には、文化や習慣を乗り越えて交流していこうとするアキラに自我関与させて、国際親善に努めたよさについて考えることができるようにしたい。

4　指導のポイント

登場人物であるアキラに自我関与させる学習を展開する。具体的には、アキラの心情を考えさせる発問を構成する。登場人物の心情を読み取る学習とならないよう、児童の意見の理由を尋ねたり、新たな視点で問いかけたりして考えさせていく。また、自分自身を振り返る学習を設定し、他国の人々との関わりについて考えさせるようにする。

学習指導過程

	学習活動（主な発問と予想される反応）	指導上の留意点
導入	1　他国の文化を提示する ○これらは他国の文化や習慣です。どう思いますか。 ・どうしてこんなことをしているのだろう。 ・日本ではしないことだ。 ・国によってこんなにも違っていて驚きだ。	・他国を知り、国際親善に努めるよさを考えていく学習を理解させるために、他国の文化や習慣を紹介し、児童に関心をもたせる。
展開	2　『ペルーは泣いている』を通して、話し合う ○日本での練習法が通じず、選手たちがやめていったとき、アキラはどんな気持ちだったか。 ・自分のやりかたは間違っていないはずなのに。 ・どうして分かってくれないのだろうか。 ・このままではいけない。どうにかしないと。 ○選手たちと食事に行くようになったアキラは、どんな気持ちだったか。 ・相手のことを知ることは大切だ。 ・心がつながってきたように感じる。 ・ペルーの人たちは、とても素敵な人たちだ。 ◎『上を向いて歩こう』を歌ったペルーの選手が泣きながら日本の選手と抱き合う姿を見て、アキラはどんな気持ちだったか。 ・『上を向いて歩こう』を歌うペルー選手に感謝したい。 ・次は、勝たせてやりたい。 ・ペルーの選手と日本の選手の行動に感動した。 3　自分自身のことを振り返る ○あなたは他国の人々とどのように関わってきたか。これからどのように関わっていきたいか。 ・他国の人と挨拶をするようにしてきた。 ・アキラのようにはできなくても、互いの文化を知り合うように、交流していくことが大切だ。	・登場人物に自我関与をさせやすくするために教材を提示する際、BGM を流す。 ・日本の文化を押し付けるだけでは上手くいかないことについて、選手がやめていったときのアキラに自我関与して考えさせる。 ・相手の文化や習慣を理解することの大切さについて、ペルーの選手と食事に行くようにしたアキラに託して考えさせる。 ・国際親善に努めるよさに気付かせるために、ペルーの選手と日本の選手の交流を見たアキラの気持ちを自分との関わりで考えさせる。 ・本時の学習を通して、児童が自分のことを考えられるように、これまでの経験だけでなく、これからどのようにしていきたいか考えさせる。 ・考えやすいように、ワークシートを配布する。
終末	4　日本と世界のかけ橋になった人物を紹介する	・多くの人々が他国と交流し、国際親善に努めてきたことを知るために、「私たちの道徳」を参照する。

主として集団や社会との関わりに関すること

板書計画
学習の流れが分かりやすい板書構成を意識する

　登場人物であるアキラに自我関与させる学習とするので、話の内容に沿った発問構成となる。そのため板書は時系列で構想する。

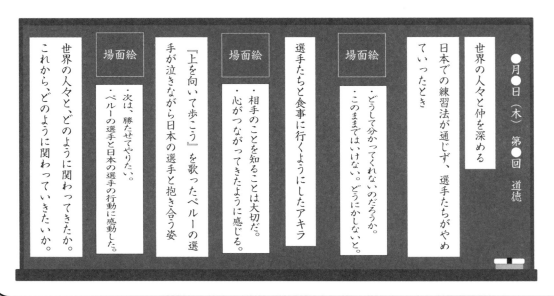

授業の実際

1　国際親善のよさを考える実際

T　『上を向いて歩こう』を歌ったペルーの選手が泣きながら日本の選手と抱き合う姿を見て、アキラはどんな気持ちだったのでしょうか。
C　『上を向いて歩こう』を歌うペルー選手に感謝したい気持ちだったと思います。
C　次は、勝たせてやりたいという気持ちだったと思います。
C　感動したと思います。
T　どうしてそのように考えたのですか。
C　日本の歌を歌ったペルーの選手の気持ちが伝わったからだと思います。
C　負けて悔しい思いをしていると思うので、勝たせて喜ばせてあげたいと考えていると思います。
C　観客や金メダルを首にかけてあげた日本の選手の姿に感動したと思います。
T　どうして感動したのだろうね。
C　ペルーの選手や日本の選手の気持ちが伝わってきたから。
T　どんな気持ちだったのだろう。
C　「ありがとう」という気持ち。
C　負けて悔しい気持ちは日本の選手も分かるから、ペルーの選手が頑張って試合をしたことへの気持ちだと思います。
C　アキラは、自分があきらめないでペルーの選手にバレーボールを教えたことが、ペルーと日本の選手をつなぐことになったことを感じたから。
T　なるほど。アキラがペルーでバレーボールを教えたことが、このような出来事になって表れたのですね。
T　いくつか考えが出てきたけれど、この中で自分の考えと近いものはどれですか。
（児童の思いを挙手により確認）

問題解決的な学習のポイント

教材提示の工夫と児童の考えへの問いかけを工夫する。

2　自分自身のことを振り返る

T　アキラの気持ちについて話し合ったことをもとに、自分自身のことを振り返っていきます。これまで他国の人々とどのように関わってきましたか。また、これからどのように関わっていきたいですか（ワークシートを配布する）。
T　考えたことを発表してください。
C　私は、海外旅行に行ったことがあります。そのときに、そこの国の人たちが挨拶をしてくれました。日本に帰ってから、他の国の人と出会ったら、挨拶をするように心がけています。
T　挨拶をしてみて、どうでしたか。
C　恥ずかしかったけれども、挨拶をしたら、向うも笑顔で挨拶をしてくれたので、うれしかったです。
C　アキラさんのようにはできなくても、相手の国のことを知るようにして、仲を深めたいと思いました。
T　どうしてそう思ったのですか。
C　他の人と仲よくするには、国ごとにいろいろなことが違うから、それを知ると仲よくなっていくと思ったからです。
T　みなさん、他国の人との関わりについて考えられましたね。

………… 評価のポイント …………

　本時の学習の意図は、児童が登場人物であるアキラに自我関与して、国際親善に努めるよさを考えることである。
　そのため、児童が国際親善に努めるよさについて、自分との関わりで考えたかどうか、自分自身のことを振り返る学習での発言やワークシートへの記述をもとに学習状況を把握する。

ペルーは泣いている

主　題	内容項目	主として生命や自然、崇高なものとの関わりに関すること
かけがえのない生命	D　生命の尊さ	

第5学年
猛火の中で

学　図

出典　文部省「小学校　道徳の指導資料とその利用5」

1　ねらい

　生命をかけがえのないものであることを自分との関わりで理解することを通し、自他の生命を大切にしようとする心情を育てる。

2　主題設定の理由（指導観）

● ねらいとする道徳的価値（価値観）

　生命を大切にし尊重しようとする心は、生命をいとおしみ、自らも多くの生命によって生かされていることに素直に応えようとする心から生まれてくる。生きていることの素晴らしさや生命の尊さを自分との関わりで考えることで、生命を尊重しようとする心をより一層育てていきたい。

● 児童の実態（児童観）

　高学年の児童は、生命の尊さを概念的な言葉では理解できている。一方で、生命がかけがえのないものであると実感することは多くない。自他の生命が互いを尊重し合い、つながりの中にあるということの素晴らしさを自分との関わりで理解することで、生命の大切さを改めて感じさせたい。

3　教材について（教材観）

● 教材の概要

　関東大震災により、町中で火災が起きた。その猛火の中で、小島龍太郎は人々を安全な場所へ逃がしつつ、消火活動に努めた。そのうちに、龍太郎の身にも危険が迫ってきた。しかし、救助を求める人が多く残っている。助けるか、避難するか迷う龍太郎であったが、助けることを決意する。朝になり、よくこんなに人を助けられたものだと、静かに思い返すのであった。

● 教材活用の視点

　教材を通し、生命のかけがえのなさを多面的・多角的に考えさせていきたい。具体的には、生命の有限性や関係性、神秘性など、「生命」のもつ多様な側面を学級全体で追究していく。児童に、その多様な側面の中から、自分との具体的な関わりを考えさせ、生命の大切さを改めて感得させたい。

4　指導のポイント

　生命はかけがえのないものである。しかし、大切だと思う感じ方は多様にある。ここでは、生命を尊重する考え方の多様性を問題として、問題解決的な学習を展開する。龍太郎の葛藤する気持ちを自我関与させて考えることで、かけがえのない生命の大切さを実感させたい。

学習指導過程

	学習活動（主な発問と予想される反応）	指導上の留意点
導入	1　生命の尊さを感じたことを想起する ○命が大切だと思ったことはありますか。 ・友達と遊んでいるとき。 ・交通事故に遭ったとき。 ○本時の問題を確認する。	・ねらいとする道徳的価値への方向付けとなるように、事前にアンケートを実施し、意図的に児童の回答に注目させる。
	生命をかけがえのないものだと感じるのは、どんなときだろうか。	
展開	2　『猛火の中で』をもとに、問題解決を図る ○「助けて、助けて」と叫ぶ声が聞こえてきました。船べりに手をかけたままの龍太郎は、どのような気持ちだったでしょう。 ・助けたい。でも私はもう無理だ。私が死んでしまう。 ・どうしよう。 ・私が助けなければ、きっとあの人は死んでしまう。 ◎船の中に横たわっている人々を見つめながら、龍太郎はどんなことを考えたでしょう。 ・助けられてよかった。こんなに生きていてくれた。 ・自分が生きていてよかった。 ・もっと助けることができたかもしれない。 ○話合いを通して、龍太郎はどんなときに生命がかけがえのないものと感じたのだろうか。 ・自分の命は、いろいろな人から助けられていると感じたとき。 ・命は一度無くなると、もう生き返れないと感じたとき。 ・生きていることを喜んでくれる人がいると感じたとき。 3　生命の大切さを具体的な場面で振り返る ○今までに、生命をかけがえのないものだと感じたことはありますか。	・生命に対する相反する2つの気持ちを体験的に考えられるようにするために、役割演技を行う。 ・2つの気持ちを考えられるようにするために、途中で役割を交代させる。 ・自分よりも他人が大事だと考えるような自己犠牲の心情に傾倒しないように留意する。 ・自他の生命を助けられたことの喜びを自分事として考えさせる。 ・中心発問の龍太郎の気持ちから、自分なりの考えを導くことができるよう助言する。 ・自分事として考えられるようにするため、学級で共有した多様な生命を尊重する考え方をもとに、具体的な場面を考えさせるようにする。
終末	4　教師の説話を聞く	・教師自身が、生命のかけがえのなさを感じた体験談を話す。

主として生命や自然、崇高なものとの関わりに関すること

猛火の中で

板書計画

道徳的価値のよさを多様な視点から、自分との関わりで考えさせる板書構成

「生命」のもつ多様な側面についての児童の意見を視覚化していく。

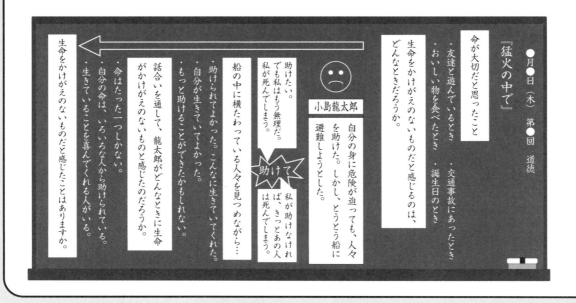

授業の実際

1　問題解決までの流れ

T　いつの間にか朝になり、猛火も衰えてきた頃。船の中に横たわっている人々を見つめながら、龍太郎はどんなことを考えたでしょうか。
C　生きていてよかった。
T　誰のことですか。
C　助けた人々のこと。
T　人々だけですか。
C　自分もだ。
C　こんなに人を助けられて、よかった。
C　もっと頑張ればもっと助けられた。
C　もっと助けたかった。
C　生きていてくれてうれしい。
C　少しでも助かる人がいて、よかった。
T　なるほど。助けることができて、よかったという気持ちだね。では、なぜ、命は大切なのでしょう。話合いを通して感じたことを、発表してください。

（問題カードの提示）

話合いを通して、龍太郎がどんなときに生命がかけがえのないものと感じたのだろうか。

C　命は1つしかないと感じたとき。
C　死んだらそれで終わりだと感じたとき。
T　たった1つしかない命だからだね。他にもありますか。
C　家族とかお医者さんとかに助けてもらっていると感じたとき。
C　牛とか魚とか生き物とかにも助けられている。
T　みんなはいつもいろいろな人に助けてもらっているね。他にはありますか。
C　家族が悲しむと感じたとき。
C　家族に迷惑がかかるから。
T　なるほど、黒板にまとめます。

問題解決的な学習のポイント

本時の各学習過程について、以下の点に留意することが大切である。

導入
ねらいとする道徳的価値への方向付けとなるように、事前にアンケートを実施し、意図的に児童の回答に注目させた。また、時間の短縮にもなる。

自己を振り返る活動
じっくり自分の生き方について考えを深めるために、十分な時間を確保して、書く活動を行った。

話合いを生かした自己の振り返り
生命のかけがえのなさを多様な視点から考えた。話合いの中で児童と追究した内容の中から、児童一人一人が自分の経験や考えを振り返った。

2　問題解決から個々のまとめ

T　話合いから「たった1つしかない命だから大事」「みんなに助けてもらっているから大事」「生きていることを喜んでくれる人がいるから大事」という考えが出ました。みなさんは、これらの考えのように命が大切だと感じたことはありますか。

C　弟が生まれたときに、最初は歩けなかったのに、初めて歩けるようになったのを見て、「すごい」と思いました。生命ってかけがえのないものだと思いました。

C　2分の1成人式のときに母からもらった手紙に「元気に生まれてくれてありがとう」って書かれていて、今元気に生きていてよかったと思いました。

C　僕が生まれたとき、お母さんは病気で、僕もお母さんも死にかけていたらしい。自分の命は、お母さんが命がけで生んでくれたものだから大切にしたいです。

C　4年生のころ、死んだらどうなるのか怖くなったことがある。死んだら終わりの命だから、大切にしたいなと思っている。

········· **評価のポイント** ·········

児童が、かけがえのない生命について、多様な視点から自分との関わりで理解しているかがポイントである。具体的な場面を想像しながら、生命の尊さについて自他の生命を大切にすることについて考えていたか、発言やノートの記述から把握する。

主として生命や自然、崇高なものとの関わりに関すること

猛火の中で

主　題	内容項目	主として生命や自然、崇高なものとの関わりに関すること
自然を守る	D　自然愛護	

第5学年
ひとふみ十年

出典　文部省「小学校　道徳の指導資料とその利用6」

1　ねらい

人間の力が及ばない自然の偉大さを知り、自然環境を保全しようとする態度を育てる。

2　主題設定の理由（指導観）

● ねらいとする道徳的価値（価値観）

自然の偉大さは人間の力を優に超えており、人間は自然との関わりなしに生きていくことはできない。自然の美しさや心地よさに勝るものはなく、心を揺さぶられる。自然の偉大さを知ることで、自然環境を保全しようとする態度を育てたい。

● 児童の実態（児童観）

高学年になると、移動教室等で自然環境と関わる機会も増え、その課題についても理解できるようになる。また、自然を守らなければならないということも理解できている。そこで自然を守ることの意義について自分事として考えさせたい。

3　教材について（教材観）

● 教材の概要

勇と母は、高山植物におおわれた草原地帯である立山へとやってきた。初めて見る立山の美しさに見とれ、そばの草むらに腰を下ろしてながめていると注意を受ける。勇たちが座っていた下には高山植物が植わっていた。高山植物には、マッチ棒の太さになるまで10年以上もかかるものがあると知り驚く。また、立山に昔から伝わる「ひとふみ十年」という言葉を聞き、自然の偉大さを知り、胸にきざむのであった。

● 教材活用の視点

「自然を大切にする」や「自然を守る」ということは児童も理解している。しかし、それがどのようなことなのかまでは、考えられていない。勇に自我関与させながら、自然の偉大さや素晴らしさについて気付かせたい。また、その自然環境を保全していくためには、どうすればよいかを考えさせたい。

4　指導のポイント

問題解決的な学習として取り組んでいく。自分事として捉えさせたいので、導入でこれまで児童が自然に触れて感じたり考えたりしたことを話し合う。自分自身が感じた自然の大切さや素晴らしさを思い出させ、学習問題を設定する。自然は偉大であることに気付くだけではなく、その偉大なる自然を保全していくために、自分にできることは何かと問い考えさせていく。

学習指導過程

	学習活動（主な発問と予想される反応）	指導上の留意点
導入	1　移動教室や遠足での体験について話し合う ・自然が豊かで、気持ちがよかった。 ・人の手があまり加えられていないと思った。 ・自然を守らなきゃいけないと思った。	・これまでの移動教室や遠足等での経験を想起させ、道徳的価値への方向付けを行う。
	自然を守るとはどういうことなのだろうか。	
展開	2　教材『ひとふみ十年』を読んで話し合う ○注意されたとき、勇はどのように思ったのでしょうか。 ・ちょっとくらい横に座ったってよいのではないか。 ・父から言われていたのに、忘れていた。 ・景色に見とれてしまっていた。 ○「チングルマ」の年輪を見たとき、勇はどう思ったのでしょうか。 ・自分の行動で植物を傷付けてしまった。 ・1本だって踏んでいいはずがない。守っていきたい。 ・小さな花だけれど、何年も頑張って成長してきた。 ・自分にできることはなんだろう。 ◎勇は自然を守るとはどういうことと考えただろうか。 ・植物の成長を見守っていくこと。 ・植物も人間と同じだと考えること。 ・植物にも生命があるのだと考えること。 ・自分にできることをしていくこと。 3　今までの自分を振り返って考える ○これまでの自分を振り返ってみて、自然を守るために、自分ができそうなことはありますか。 ・自然にごみを捨てない。 ・乱暴に扱わない。 ・自分の箸を持ち歩く。	・読み聞かせをし、資料提示を行う。 ・小さな植物の生命の偉大さについて気付かせるために、うっかり踏んでしまった行為について考えさせる。 ・自然の偉大さについて気付かせるために、チングルマの年輪を見たときの思いについて考えさせる。 ・学習問題として設定した内容について考えていく。 ・自然を保全しようとする思いを高めるために、自然を守るということの具体的な思いについて考えさせる。 ・自分自身を振り返り、自然を保全していくために、自分に何ができるのかを考え、身近な自然を守る活動について気付かせる。
終末	4　教師の説話を聞く	・自然を保全していくために教師自身が取り組んでいる活動について話す。

主として生命や自然、崇高なものとの関わりに関すること

ひとふみ十年

板書計画

ねらいとする道徳的価値を実感を伴って考えさせる板書構成

勇に自我関与させながら、自然の偉大さや素晴らしさについての気付きを視覚化していく。

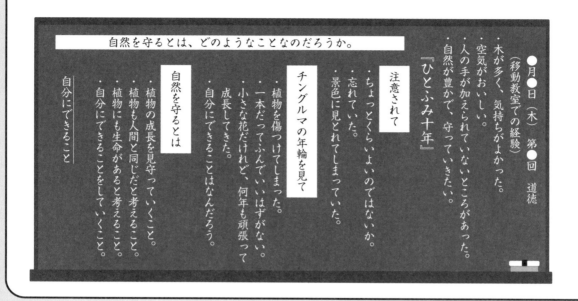

授業の実際

1　中心発問での話合いの実際

T　みんなは、導入で移動教室での自然の素晴らしさや、チングルマの力強さを言っていたね。大切だとか守るってことは、いろいろな人からも聞いたけれど、勇は自然を守るとは、どのようなことと考えていたかな。

C　誰かがではなく、自分が気を付けるってことかな。

C　まずは、自分自身が考えないとだめだと思う。

C　植物を大切に見守ることも大事だと思う。

C　この前の移動教室で、あまり手を加えられていないところがあった。

C　人の手を加えすぎると、自然のよさが減ってしまう。

C　見守ることが成長を手伝うということにつながることもある。

C　自然にとって過ごしやすい環境を作ってあげることが、人間ができることではないかな。

T　手を加えないということは、ほったらかしにするということではなくて、見守り続けているということなのかな。

C　植物も人間と同じように、呼吸をして生きているのだと思う。

C　呼吸をして、どんどん大きくなっていくのは人間と同じだね。

C　その植物や自然を見守り、大切にしていくためにそれぞれできることは違う。

C　でも、それぞれ一人一人にできることはあると思う。

T　それぞれ一人一人にできることはありそうだね。それを一人一人考えてみよう。

※ここでは、方法論や行為の内容を問うのではなく、自然を保全するために児童自身にとって大切なことを考える。振り返りでは、それぞれにできることを問う。

問題解決的な学習のポイント

自然を保全していくという問題を解決していくため、自分にできることと関連付けた発問をする。

発問1
移動教室で、○○の自然に触れてどのように感じましたか。

・自然が豊かで、気持ちがよかった。
・人の手があまり加えられていないなと思った。
・自然を守らなきゃいけないなと思った。

自然を守るということは、前回の「○○」のときにも出ていたね。でも、自然を守るとか大切にするというのはよく聞くけれど、それはどのようなことなのだろう。今日は『自然を守るとはどういうことなのか』について考えていきます。

・自分の行動で植物を傷つけてしまった。
・1本だって踏んでいいはずがない。守っていきたい。
・小さな花だけれど、何年も頑張って成長してきた。
・自分にできることはなんだろう。

発問2
チングルマの年輪を見て、勇はどう思ったのかな。

発問3
みんなの考えている『守る』や『大切にする』とは、どういうことですか。

2 問題解決から個々のまとめ

・私が自分にできることは、給食の食べ残しをしないことだと思う。捨てることや焼却することが少しでも減らせればいいと思う。
・○○山へ登山をしたときに、『ごみを捨てないで』という看板があった。看板があるということは、ごみを捨てる人がいるということだし、捨てさせないように頑張っている人がいるということだと思う。チングルマのように、小さくても力強く成長している様子を見ると、これからは登山道以外のところは、踏まないようにしようと思った。
・大きく育った木を伐採してしまわないようにするために、割り箸を使わずに、自分専用の箸を持ち歩けば、伐採される木も少なくなるのではないかと思った。
・学校でリサイクル用紙を集めている。燃えるごみとして捨ててしまうのではなく、再利用できる方法を考えていきたい。このことをみんなにも呼びかけたい。社会で学習したリサイクル施設のことを思い出した。
・大きな山や森だけではなくて、学校の花壇の花や、桜の木もこれから人間と同じように成長していくのを見守り観察していこうと思った。

……… 評価のポイント ………

人間の力が及ばない自然の偉大さを知り、自然環境を保全するために、自分にできることは何かを考えていたかを見取る。

※できたかどうかではなく、個々の学習状況を把握するように工夫する。

ひとふみ十年

主 題	内容項目	主として生命や自然、崇高なものとの関わりに関すること

いのち、美を求め続けて　　D　感動、畏敬の念

第5学年
百一才の富士

学図　廣あ
教出⑥

※⑥：第6学年掲載

出典　文部省「小学校　読み物資料とその利用『主として自然や崇高なものとのかかわりに関すること』」

1　ねらい

　美しいものやそれを追究する人間の素晴らしさについて、それらに感動し、畏敬の念をもつことのできる心情を育てる。

2　主題設定の理由（指導観）

● ねらいとする道徳的価値（価値観）

　美への感動や、崇高なものへの尊敬や畏敬の念をもつことが、人間としての在り方を磨く。自然や様々な芸術作品などの美しさ、美しいものを生み出そうと自分の可能性に挑戦し続ける人間の在り方に感動し、畏敬の念をもつことのできる心情を育みたい。

● 児童の実態（児童観）

　この段階においては、人間の心の崇高さや可能性に挑戦する姿、芸術作品や大自然の摂理、それらを包み込む大いなるものなどに気付き、畏敬の念をもつように指導することが求められる。本時では自然と、それを芸術として表現しようとする心に視点を当てて考える。

3　教材について（教材観）

● 教材の概要

　画家である奥村土牛は自然やその命の美しさに感動し、それらを自分の筆で描くことを追究していた。老年になっても素晴らしい作品を描き続ける土牛。百歳になり、土牛は「平成の富士」を描き始める。国から文化勲章を贈られていても、土牛は絵を続けた。「どんなに大きく、未完成で終わるか」を追い求め、土牛は百一歳にして、「平成の富士」を見事に描き上げる。

● 教材活用の視点

　本時においては、自然や命のもつ美を追究し続けた土牛の生き方について、自我関与を通して、児童の考えを深めることを意図している。富士山の美しさに心が惹かれること、それを表現するために自分の可能性に挑戦し続ける土牛の姿などから、美しいものを追究し続ける人間の姿勢について、考えを深めたい。

4　指導のポイント

　土牛が描いた作品を、画集などを用意して児童に提示すると効果的である。老年になってからそれらを描き切った土牛への感動を大切にして授業を構成するとよい。児童の感動を大切にして授業を展開したい。

学習指導過程

	学習活動（主な発問と予想される反応）	指導上の留意点
導入	1　教材への理解を深め、学習への意欲を高める ○奥村土牛の作品を見て、どのようなことを考えますか。 ・きれいな山は富士山かな。 ・動物がやさしい感じがする。	・奥村土牛の書画集より、一部の作品を書画カメラなどで大きく提示し、児童の感動から学習への意欲を高める。
展開	2　『百一才の富士』を読んで話し合う ○日本の四季、山や川、海、草花や鳥などの「美しいもの」を追い求める土牛は、どんな思いでいたのか。 ・日本の美しさを伝えたい。 ・この美しさを表現できる画家になりたい。 ・いくら描いても納得はいかない。 ◎「平成の富士」を気力で書き続ける土牛は、どのような気持ちだったのか。 ・人生をかけて、富士山の美しさを表したい。 ・これまで描いた中で最高の作品にするんだ。 ・この美しさを、自分は表現できるのだろうか。 ・どんなに描いても、描ききれない。 ○「平成の富士」を百一歳で描き上げた土牛は、この絵についてどのようなことを思ったのか。 ・これでもまだ未完成なんだ。 ・少しは富士山の美しさを表しきれたのだろうか。 ・自分の全力を尽くした。やりがいを感じる。 3　美しいものについて、さらに自己を深く見つめて考える ○自然、芸術、人の生き方など、人間の力を超えるような美しさに出合ったことはあるか。	・自然の美しさや、その美しさを求める人の心の在り方について考える。 ・自然の美しさや、それを表現するために無心で挑戦する人間の姿に触れたときの考え方、感じ方を共有する。 ・芸術作品を生み出す人間の素晴らしさや、真理を求め続けることについての考えを深める。 ・美しいものや崇高なもの、人間の力を超えた物との関わりについて、自分事として考えを深める。 ・より広く考えを共有するために、本やテレビなどを通じた、間接的な経験でもよいことにする。 ・導入で示した土牛の作品と照らし合わせながら、富士山の美しさを描く源動力を探る。
終末	4　教師の説話を聞く	・教師が感動した崇高な人の生き方を紹介する。

主として生命や自然、崇高なものとの関わりに関すること

A
B
C
D

百一才の富士

板書計画
土牛の作品の美しさを感じさせる掲示

　土牛の作品を示して、その美しさを感じさせると共に、それを生み出した土牛の思いを同時に表すことで、美しいものとそれを追究しようとする人の心の在り方について考えさせる。

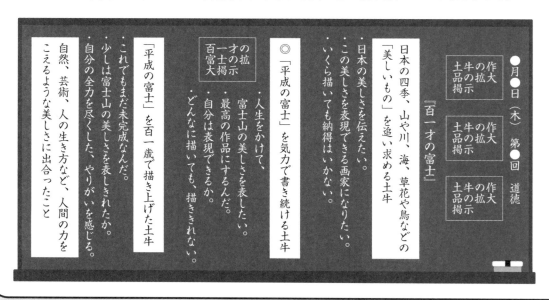

授業の実際

1　土牛の作品に触れながら考える

T　これが、土牛が百歳になって描き始めた『百一才の富士』です。みなさんはこの絵から、どんな印象を受けますか。
C　力強い感じがする。
C　堂々と立っている。
C　みんなが拝みそうな雰囲気がある。
T　それくらい、力のある絵なのですね。土牛は思うままに体が動かなくても、気力でこの絵を描き続けました。そのときはどんな気持ちだったのでしょう。
C　これまでの自分の人生をかけて、富士山の美しさを表したい。
C　人生最後の作品になるかもしれない。これまで描いた中で最高の作品にしたい。
C　この美しさを、自分は表現できるのだろうか。不安が生まれた。
C　どんなに描いても、描ききれない。
T　富士山の美しさを表すために、気力で筆を握り続けたのですね。このとき土牛は、文化勲章をもらい、一流の画家として名が知られていましたが、それでも、描き続けたのですね。
C　勲章をもらっても、描きたい気持ちには関係がないのだと思う。
C　描いても描いても納得ができないから、ずっと描き続ける。
C　富士山はこんなに美しいんだ。どんなに描いても、もっと美しく描けそうな気がする。
C　自分の命で表現できる富士山の姿を、精いっぱい伝え続けたい。

読み物教材の活用と補助教材の提示のポイント

実物との出合いを大切にした教材提示を工夫するため、以下の点に留意する。

導入で土牛の作品を提示することで、児童に感動を与えると共に、さらに土牛への自我関与を深め、自分との関わりで考えられるようにする。書画カメラやプレゼンテーションソフトで提示することも効果的だが、複数の絵を同時に、長く掲示し続けることができない短所もある。

自己をさらに深く見つめる段階では、自分の直接経験だけでなく、本やテレビなどから知ったこと等、間接経験も合わせて問うことで、ねらいに関わる美しいもの、崇高なものについての考えを広げることができる。

2 さらに自己を深く見つめて考える発問

T 土牛はこのように、自分の人生で美しいものを追究し続けてきたのですね。みなさんも美しいもの、素晴らしいものを感じたことはありますか。自然、芸術、人の生き方など、これまでに感動したことを振り返って考えましょう。
　自分が直接に経験したこともよいのですが、本やテレビで知ったこと等、直接触れていなくて、観たり聞いたりしたことでも構いません。考えてみましょう。
C 自分の弟が生まれたとき、お母さんと弟を見て、命って美しいな、と思いました。
T それは素晴らしい経験ができましたね。
C 私は本で読んだことですが、困っている国に行って、たくさんの命を救っているお医者さんがいて、「すごいなあ」と感動しました。
T そのような人に触れて、感動できる心が素晴らしいですね。
C 家族で正月に登山をして、初日の出を見たときは本当にきれいで感動した。
C 合唱団の歌を聞いて、とてもすてきな歌声だなあ、いいなあと思ったことがあります。

> ……… **評価のポイント** ………
> 本時の指導の意図は、児童が土牛に自我関与して、美しいものやそれを追究する人間の素晴らしさについて、それらに感動し、畏敬の念をもつことである。
> 話合いの様子をメモに残したり、「美しいと思ったもの、こと」を考えさせるときにワークシートに記入させたりと、多面的・多角的に考えているかを主に評価する。

主として生命や自然、崇高なものとの関わりに関すること

百一才の富士

主　題	内容項目	主として生命や自然、崇高なものとの関わりに関すること
気高く生きる	D　よりよく生きる喜び	

第5学年

マザー・テレサ

光村⑥　学図⑥
学研⑥
※⑥：第6学年掲載

出典　文部省「小学校　道徳の指導資料とその利用4」

1　ねらい

人間の強さを理解し、気高さをもってよりよく生きようとする心情を育てる。

2　主題設定の理由（指導観）

● ねらいとする道徳的価値（価値観）

よりよく生きるためには、人間には誰しも、気高く生きようとする強さがあることに気付くことが重要である。自分の弱さを乗り越え、自身が目指す生き方に向かって、よりよく生きることのよさを感じ取ることができるように指導したい。

● 児童の実態（児童観）

自分が目指す生き方に向かい、目標をもって生きる大切さを考えてきている。しかし、困難に出合ったときに、自分の目標を諦めてしまう様子も見られる。困難に負けない人間の強さを理解し、気高さをもってよりよく生きるよさを考えさせたい。

3　教材について（教材観）

● 教材の概要

子供の頃からインドで修道女として働きたいと考えていたテレサは、長年にわたりインドにある聖マリア女学校で地理を教え、やがて校長になる。聖マリア女学校は裕福な家庭の子供たちが通う学校であった。テレサは、学校に通えない貧しい子供や病気で道端に倒れている老女との出会いを通して、誰からも見捨てられてしまった人々を救わなければならないということに気付く。様々な悩みや苦しみを抱える人々のために尽くすテレサの功績が認められ、1979年にノーベル平和賞を受賞する。87歳の生涯を閉じるまで貧しい人々のために活動を続けた。

● 教材活用の視点

よりよく生きるとは、どのようなことか、話合いを通して考えさせたい。人間の強さを理解し、気高さをもってよりよく生きるよさを考えさせるために、児童をテレサに自我関与させ、路上に倒れている人々を集めて、世話をしているときの思いを考えさせるようにしたい。

4　指導のポイント

人間の強さを理解し、気高さをもってよりよく生きようとするときの感じ方について考えを広げるために、登場人物への自我関与を通して学習を展開する。テレサに自我関与をさせて、そのときの考え方や感じ方について類推させる。このときの話合いを、多面的な視点から分類・整理することで、児童の考えを広げさせる。

学習指導過程

	学習活動（主な発問と予想される反応）	指導上の留意点
導入	1　気高い生き方をしている人とは、どのような人か ・自分で決めて、最後まで一生懸命に生きる人。 ・妥協をしないで生きる人。	・ねらいとする道徳的価値への方向付けをする。 ・発言が出にくいときは、歴史上の人物など、具体的な名前を挙げさせる。
展開	2　『マザー・テレサ』をもとに、話し合う ○「コルカタには、こんな人たちがたくさんいます」と医師から言われたとき、テレサはどんな気持ちだったか。 ・なんて冷たいのだ。 ・どうしようもないのか。 ・私には何ができるのだろうか。 ◎路上に倒れている人々を集めて、世話をしているときのテレサはどんな気持ちだったか。 ・可哀想に。 ・こんなにたくさんいるなんて。 ・誰か手伝ってくれないかな。 ・最後まで生きてほしい。 ・自分がなんとかしなくては。 ○ノーベル平和賞を受賞したとき、テレサはどんな気持ちだったか。 ・活動が認められたのはうれしい。 ・たくさんの人たちに関心をもってほしい。 ・もっとたくさんの人を幸せにしたい。 3　よりよく生きるよさを、自分との関わりで振り返る ○自分の考えをもって、よりよくなるために頑張れたことはあるか。どんな気持ちだったか。	・生き方について、自分の良心を見つめるときの感じ方について考えさせる。 ・人間の強さを理解し、気高さをもってよりよく生きようとするときの感じ方を多面的に考えさせるために、テレサに自我関与させて類推させる。 ・気高さをもってよりよく生きたことが周囲にも認められたときの感じ方を類推させる。 ・認められてうれしいということで終わるのではなく、さらによくしたいという、よりよい生き方についての考えを深められるようにする。 ・ワークシートに書かせる。
終末	4　教師の説話を聞く	・キング牧師の演説と気高い生き方について紹介する。

主として生命や自然、崇高なものとの関わりに関すること

A
B
C
D

マザー・テレサ

板書計画

分類・整理を行い、児童の考えを広げる板書構成

登場人物に自我関与させて、気高さをもってよりよく生きることのよさを多面的・多角的に広げる学習を促すような板書を構想する。

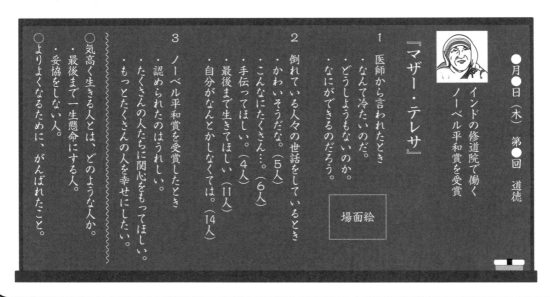

授業の実際

1 中心的な発問を多面的に分類する

T 路上に倒れている人々を集めて、世話をしているとき、テレサはどんな気持ちだったでしょう。

C かわいそう。なんとかしてあげたい。

T どんなふうにしてあげたいと思ったのかな。

C 独りぼっちではなく、少しでも、生きていてよかったと思ってほしいな。思わせてあげられないかなという気持ちです。

C こんなにたくさんいるなんて。

C あと、誰かに手伝ってほしいとも思ったんじゃないかな。

C 同じです。1人でお世話をするには限界があるなと思っていると思います。

T 誰かに手伝ってほしいという気持ちもあったのですね（板書する）。

T 自分が限界だから手伝ってほしいのかな。

C それもあるけど、このままでは、ただ死を待つだけのようでかわいそう。

T 最後まで、生きてほしいということですね（板書する）。あとはありますか。

C 自分がなんとかしないと。

C 自分が決めた道だから、この人たちをどうしても見守っていきたい。

C できることをしたい。

T たくさんの気持ちがありますね。少し整理してみましょう。

※児童から出た感じ方を板書にまとめる。

T みなさんから出されたテレサの気持ちを整理すると大きく5つに分けられそうですね。よりよくしたいと思って行動するときの気持ちとして、自分の考えに最も近いのはどの気持ちですか。

※よりよく生きるときの感じ方を多面的に捉えさせるために分類する。

自我関与を深める学習のポイント

登場人物への自我関与を通して学習する際には、以下のポイントを踏まえ学習を展開していく。

ポイント①
これまでの道徳教育の実態を踏まえ、困難に負けない人間の強さを理解し、気高さをもって、よりよく生きることのよさを考えさせたいという意図をもって、学習過程をデザインする。

ポイント②
児童全員が、テレサにしっかりと自我関与するためには、話合いのポイントを把握する必要がある。そこで、発問の際には、場面絵を提示したり、そのときの状況を確認したりする。

ポイント③
「路上に倒れている人々を集めて、世話をしているときのテレサの気持ち」を類推させる。ここでは、児童の実態を鑑みて、意図的指名をすることで多様な考え方を出せた。「なぜそう思うのか」「似た考え方はあるか」等の発問を重ねることで、話合いを深めていくと共に、多角的・多面的な観点から児童の考えを板書に分類する。

2　自分自身を振り返る学習の実際

T　今日は、マザー・テレサの教材を使って、気高く生きることについて考えましたね。自分のことを振り返って、人に認められたいからという理由だけでなく、自分の考えをもって、よりよくなるために頑張れたことを書いてみましょう。

※書く活動を通して、次の2つについて、自分自身をじっくりと振り返る。
「①これまでに、自分がよりよくなるために頑張れたことはあるか」「②そのときの気持ちはどのようなものか」。

T　では、教えてください。
C　算数の計算が苦手で、もうやめてしまおうと思ったけど、これまでにも頑張ってできたから「諦めないぞ」という気持ちで計算の練習を続けたことがありました。
C　サッカーの習い事で、ドリブルが苦手だったことがありました。もっとよくできるようになりたいから、自分で練習する日と回数を決めたらできるようになりました。
T　みなさん、自分の考えをもち、よりよくなるために頑張っているのですね。このような気持ちが、やがて、よりよい生き方につながるのですね。

> ……… 評価のポイント ………
> 本時の指導の意図は、児童が登場人物に自我関与し、人間の強さを理解し、気高さをもち、よりよく生きるときの多様な感じ方についての考えを広げることである。中心発問で、多面的に分類・整理し、挙手して考えを明確にさせることから評価する。

理論編　実践編

第6学年

考え、議論する道徳科授業の新展開

主題	内容項目	主として自分自身に関すること
自由に行動するために	A 善悪の判断、自律、自由と責任	

廣 あ

第6学年
頂上はすぐそこに

出典　東京都港区教育委員会「のびゆくこども　どうとく6年」

1　ねらい

自由を大切にし、自律的で責任のある行動をとろうとする心情を育む。

2　主題設定の理由（指導観）

● ねらいとする道徳的価値（価値観）

人は集団の中で、互いの自由を尊重し、享受し合いながら生きている。自分の自由が保障されるためには、わがままや自分勝手ではなく、自律的な意思をもって、主体的に行動しようとする態度が必要であることに気付かせたい。

● 児童の実態（児童観）

児童は、つい自分の気持ちを抑えきれず、自由と自分勝手の違いを理解できずに行動してしまうことがある。自分が自由に行動するためには、集団の一員として、自律的に行動しようとすることが大切であることを考えさせたい。

3　教材について（教材観）

● 教材の概要

主人公である「わたし」は、単独登頂に挑戦することを登山仲間に相談するが、難しいと忠告される。それでも単独登頂をしたいと思い、挑戦する。入山して3日目、頂上がもう目の前、というところで、悪天候のため、身動きできなくなる。天候の回復を待ちながら、「わたし」はいろいろなことを考える。その後、天候は回復してくるが、「わたし」は下山を決意する。下山を始める「わたし」は、もう山の頂を振り返ることはなかった。

● 教材活用の視点

主人公である「わたし」に自我関与して、自分の思うまま、自由に行動したいと思う人間的な弱さを十分に考えることができるようにするとともに、結局、頂上までは登らずに下山を決める「わたし」の自律的な姿から、自由を大切にしながらも、自律的に行動することの大切さを考えることができるようにしたい。

4　指導のポイント

主人公である「わたし」が、頂上まで登るか、諦めて下山するか、2つの気持ちの間で葛藤する場面で、主人公の自己内対話を役割演技させる。「登頂を勧める側」と「下山を勧める側」に分かれて、それぞれが考えを言った後で、役割交代をする。役割演技を学習に取り入れることで、児童の主体的な学びを促すとともに、多面的・多角的な物事の見方を養うことができる。

学習指導過程

	学習活動（主な発問と予想される反応）	指導上の留意点
導入	1 「自由に行動すること」について、自分のこれまでを振り返って考え、発表し合う ○あなたにとって「自由に行動する」とは、どんなことですか。 ・夜、遅くまで起きている。 ・好きなようにお小遣いを使える。 ・怒られないように気を付けて遊ぶ。	・児童が自分の「自由」についての考え方について、振り返ったり、友達の考えを聞いたりすることで、ねらいとする道徳的価値について考えを深めるための素地とする。
展開	2 『頂上はすぐそこに』をもとに、ねらいとする道徳的価値について考える ○登山の計画を仲間に相談し、仲間の考えを聞いた私は、どんなことを考えているでしょう。 ・心配しなくても、大丈夫だ。私ならやれる。 ・周りに迷惑はかけないようにする。 ◎6日目の朝、霧の中から出てきた頂を見ながら、「わたし」はどんなことを考えているでしょう。 【頂上まで登る】　　　【諦めて下山する】 ・ここまで来たから　　・遭難するかもしれない 　諦めたくない　　　　・自分に何かあったら、 ・私ならできる　　　　　迷惑がかかってしまう ・次はないかもしれない　・また次がある ○迷ったけれど、下山を決意し、二度と振り返ることがなかったのは、「わたし」のどんな思いからでしょう。 ・ここまで来たのに、頂上に登れなかったのは残念だ。 ・これでよかった。後悔していない。 ・誰かに迷惑をかけるわけにはいかない。 3 ねらいとする道徳的価値について、自分の生き方として考えを深める ○あなたにとって、自由に行動するために大切だと思うのは、どんなことですか。今までの自分を振り返って考えてみましょう。	・自分の思うまま、自由に行動したいと考える「わたし」に目を向け、自我関与して人間の弱さについて考えることができるようにする。 ・自由にしたい思いと、自分を律しようとする思いの間で揺れ動く心情を、役割演技を通して考えることで、ねらいとする道徳的価値についての考えを深めさせる。 ・「～すればいい」といった、方法論で終わらないようにしたい。方法論ばかりが出てきたら、「下山を決意した『わたし』の思い」について、次の発問で考えを深めさせるようにする。 ・迷った挙句、自律的に行動した「わたし」の思いに触れることで、ねらいとする道徳的価値についての考えを深めることができるようにする。 ・導入での反応を振り返りながら、自分の生き方として、ねらいとする道徳的価値を考えることができるようにする。
終末	4 教師の説話を聞く	・主人公のように、自律的に行動し、清々しい気持ちになったときのこと等を話し、道徳的実践への意欲を高める。

頂上はすぐそこに

板書計画

2つの立場を視覚化した板書構成

二重自我を生かした役割演技を促すため、2つの立場を視覚化した板書を工夫する。

授業の実際

1　中心発問での役割演技の実際

T　6日目の朝、やっと霧が薄くなって、山の頂が目の前に現れてきました。「わたし」は迷っているんだよね。どんなことで迷っているのかな。一人一人が考えをもとう。

C　頂上まで登るか、諦めて下山するか。

T　そうだね。では、「わたし」の迷っている心をそれぞれ考えましょう。まず隣の人と、「登りたい気持ち」と「下山する気持ち」に分かれて、それぞれの理由を交流してみてください。それぞれ出し合ったら、今度は役割を交代して、同じように話し合ってください。

※ペアで2つの立場に分かれて、役割演技をする。指導者はその様子を見て回り、全体の前で役割演技するペアを選ぶ。

C　**登りたい**：せっかくここまできたんだ。ここで諦めたら、苦労が無駄になる。

C　**下山する**：でも、もし遭難でもしたら、多くの人に迷惑がかかってしまう。

C　**登りたい**：私なら、大丈夫だ。きっと登れる。天気だってきっとよくなる。

C　**下山する**：自分の身を危険にさらすわけにはいかない。ここは諦めるべきだ。

T　それでは、今度は何組か、全体の前で演技してほしいと思います。○○さんと△△さん、前に来てください。

※全体の前での役割演技をする。ペアでの役割演技の様子を見て、指導者が選んだ2〜3組。

※フロア（見ている側）の児童も、自分の考えと比べながら見るように指示する。

役割演技を行う際のポイント

役割演技では主体的な学びを促すとともに、多面的・多角的な見方や考え方を養っていく。

「頂上に登りたい」という思いと「下山した方がよい」という思いの両方の根拠(理由)まで引き出す。そうすることで、誰もがもっている人間的な弱さを踏まえた上で、ねらいとする自由の価値について考えることができる。

役割演技では、教材中に描かれていない、人物の心情や考え方を引き出す。年間指導計画に基づき、計画的に授業に取り入れ、積み重ねることが大切である。

見ている児童にも、役割演技を見る視点を与える。「自分の考えと比べながら見よう」等、主体的に学習に参加できるようにする。

2 ねらいとする道徳的価値について考えを深める

T 下山を決意し、二度と山を振り返ることがなかったのは、「わたし」にどんな思いがあったからだと思いますか。

C これでよかったんだ。後悔していない。

C 迷惑をかけるわけにはいかない。

T 今、○○さんが、「後悔していない」って言ってくれましたが、「わたし」は本当に後悔していないのかな? みんなは、どう思う?

C 私は、ちょっと後悔はあると思う。でも、振り返ったら、また気持ちが変わるかもしれないから、振り返らないんだと思う。

C 僕は、後悔は本当にしていないと思う。まだ次の機会があるかもしれないし、誰かに迷惑をかけることは絶対にしたくないと思っているだろうから。

T なるほど。下山を決めた「わたし」には、いろいろな思いがあったのでしょうね。

みなさんは、自分にとって、自由に行動するために大切だと思うことって、どんなことですか。ワークシートに書いてみましょう。

※本時の学習と自己の生き方を関わらせて考えることができるように、書く時間は十分にとりたい。

---------- 評価のポイント ----------

本時の指導の意図は、自由に行動するためには、自律的で主体的に行動しようとする意志が大切であることに気付くことである。友達と関わりながら、自分の生き方として考えを深めたかについて、発言やワークシートなどへの記述から見取る。

頂上はすぐそこに

主　題	内容項目	主として自分自身に関すること
誠実に生きる	A　正直、誠実	

第6学年
手品師

出典　文部省「小学校　道徳の指導資料とその利用1」

1　ねらい

自分自身に誠実に振る舞い、明るい心をもって生活しようとする心情を育てる。

2　主題設定の理由（指導観）

● ねらいとする道徳的価値（価値観）

誠実な生活を送ることは、人間にとって大きな課題である。自分の心に対しても他人に対しても誠実に行動することは、よりよい社会をつくるという観点からも重要である。弱さを乗り越え、自分自身に対して誠実であることの大切さについて考えられるよう指導したい。

● 児童の実態（児童観）

児童は、自分で判断して行動することの大切さを理解できるようになっている。一方で、自分の生き方を支えていくような信念を確立するまでには至っていない。自分の言動に責任をもつことの大切さや、誠実な心で人に接することの大切さについて考えさせたい。

3　教材について（教材観）

● 教材の概要

主人公である「腕はいいがあまり売れない手品師」は、大劇場のステージに立てる日が来るのを願って腕を磨いていた。ある日、手品師はしょんぼりと道にしゃがみこんでいる小さな男の子に出会った。手品師は、出会ったばかりの男の子を手品で励まし、明日も男の子に必ず会いに来ると約束を交わす。ところが、その日の夜、手品師に大劇場のステージへの誘いが舞い込む。迷いに迷った手品師は、葛藤の末に友人からの誘いを断り、翌日も小さな町の片隅で男の子1人を相手に次々と素晴らしい手品を演じるという内容である。

● 教材活用の視点

自分自身に偽りなく過ごすことの大切さや、誠実に生きることの素晴らしさを考えさせたい。そこで、児童を手品師に自我関与させ、自分の気持ちに誠実にすることの大切さと、相手に対する誠実さとの関わりについて考えさせたい。

4　指導のポイント

手品師の葛藤を考えさせるため、問題解決的な学習を展開する。導入段階で、「誠実」という言葉の意味を理解させた上で、自分自身との関わりの中で「誠実」を捉えさせ、考えを深めながら問題を追究させていく。

学習指導過程

	学習活動（主な発問と予想される反応）	指導上の留意点
導入	1　「誠実」について想起し、発表する ○「誠実」という言葉からどのようなことを想像しますか。 ○本時の問題を確認する。	・児童の発言を受け止め、「誠実」の意味（良心に従って、いつも明るく真心をもって行動すること）を確認する。
	誠実な心で行動することの大切さとはどのようなことだろうか。	
展開	2　『手品師』をもとに、問題解決を図る ＊手品師の考えや思いを想像してみましょう。 ◎「迷いに迷っている」手品師の気持ちを考えてみましょう。 【大劇場へ行く】 ・夢を叶えたい。 ・こんなチャンスは二度とない。 ・男の子には、またいつか手品を見せてあげよう。 【男の子との約束を守る】 ・男の子との約束を守れる。 ・男の子を笑顔にすることができる。 ・責任を果たすことができる。 ・夢を叶えても、うれしくない。 ○手品師が、男の子との約束を選んだ理由とは何だったのだろう。 ・しょんぼりとした男の子のことを思う気持ち。 ・恥ずかしい生き方をしたくないという気持ち。 ・自分のためだけではなく、人のために何かをやろうとする気持ち。 ・自分にも、男の子にも誠実な心。 3　誠実に行動することついて考える ○誠実に行動するには、どうすればよいのだろうか。今までの自分を振り返って考えてみましょう。	・手品師が貧しい環境にいることを押さえた上で、手品師の葛藤を考えさせる。 ・主人公に自我関与させながら、自分との関わりの中で、手品師の行動を考えられるようにする。 ・大劇場ではなく、男の子との約束を選んだ手品師の思いを自分事として捉えさせ、「誠実」についての考えを深めさせる。 ・手品師の自分自身に対する誠実さを考えさせ、誠実に行動することの清々しさを感じ取ることができるようにする。 ・言葉の説明に終始するのではなく、実際の生活で大切にしていきたいことについても考えるよう促す。
終末	4　教師の説話を聞く	・教師自身の「誠実」に関する体験談を話す。

板書計画

誠実にすることの難しさを考えやすくする板書構成

本時に解決する問題を導入で提示し、主人公の葛藤を自分との関わりの中で考えさせるため、視覚的に捉えやすい板書を行う。

授業の実際

1　問題設定の実際

T　みなさんは、「誠実」という言葉からどのようなことを想像しますか。
C　まじめという意味だと思います。
C　うそをつかないことです。
C　責任感の強い人というイメージです。
C　みんなから尊敬されるような人というイメージがあります。
T　「誠実」とは、自分の良心に従って、いつも明るく真心をもって行動するという意味です。みなさんは誠実な生き方ができていますか。
C　できていません。
T　なぜ、そう思うのかな。
C　うそをついたり、ごまかしてしまったりすることがあるからです。
C　私は、うそをつかないようにはしているけれど、誰に対してもいつも明るく行動するのは難しいです。

T　なるほど。皆さんにとって「誠実」に生きることは、難しいというイメージが強いようですね。
C　私なんか、よく友達との約束を破っちゃうしな。
T　自分だけではなくて、友達との関わりの中で自分の生活を考えていくことも「誠実」に関係がありそうですね。

（問題カード提示）

> 誠実な心で行動することの大切さとはどのようなことだろうか。

今日は、『手品師』という話をもとにして、どうすれば誠実に行動することができるのかについて考えていきます。主人公の手品師と男の子との関わりを通して、「誠実」について学習していきましょう。

問題解決的な学習のポイント

主人公に自我関与させて問題解決を行うために、以下の点に留意する。

自分で判断して行動することの大切さを理解できるようになってきた児童の実態から、自分の言動に責任をもつことの大切さや、誠実な心で人に接することの大切さについて考えられる問題を提示する。

葛藤する手品師の心情についてじっくりと考えさせるため、「男の子ところへ行く」「大劇場へ行く」という2つの考えを分けて板書し、手品師の心情を視覚的に捉えやすくする。名札を黒板に貼ることで、児童がより意欲的に学習に取り組むことができるようになる。

「誠実な心で行動することの大切さとはどのようなことだろうか」という問題に対して、振り返りでは、「誠実に行動するには、どうすればよいのだろうか」と発問して考えをまとめさせる。机上の空論とならないよう、これからの生活において「自分が大切にしていきたいこと」についても考えさせることで、問題を自分事として捉え、ねらいとする道徳的価値に対する考えを深めることができる。

2　問題解決から個々のまとめ

T　手品師に、男の子との約束を選ばせたものは何だったのでしょう。
C　しょんぼりとした男の子のことを思う気持ちだと思います。
C　恥ずかしい生き方をしたくないという気持ちだと思います。
C　自分のためだけではなく、人のために何かをやろうとする気持ちだと思います。
C　自分にも、男の子にも誠実な心だと思います。
T　手品師の心の迷いについて、よく考えられましたね。みなさんからは、「男の子に対する誠実な心」だけではなく、「自分自身に対する誠実な心」という意見が出てきましたね。
T　今日の学習問題を思い出してみましょう。「誠実な心で行動することの大切さとはどのようなことだろうか」ということでしたね。自分の心に対しても、相手に対しても誠実に行動するには、どうすればよいのでしょうか。これからの生活で、自分が大切にしていきたいことについても具体的に考えてみましょう。

> ………… 評価のポイント …………
> 本時の指導の意図は、自分自身との関わりの中で「誠実」を捉えさせ、考えを深めながら問題を追究していくことである。児童が自分事として、問題解決を図っている状況を、ワークシートの記述や発言などから積極的に評価する。

主　題	内容項目	主として自分自身に関すること
節度ある生活	A　節度、節制	

第6学年

ホームステイ

その他

出典　文部科学省「小学校道徳　読み物資料集」

1　ねらい

自分の生活を振り返り、節度を守り、節制に心がけようとする心情を育てる。

2　主題設定の理由（指導観）

● ねらいとする道徳的価値（価値観）

自らの生活を見直し、自分の置かれた状況について思慮深く考えながら自らを節制していくことは、自分だけではなく社会性を身に付けるという観点からも重要である。自らを律し、適切な判断に基づく行動をとることができるように指導したい。

● 児童の実態（児童観）

児童は、規則正しい生活の重要性を理解できるようになっている。一方で、欲望のままに行動したり、度を越したりして生活が乱れてしまい学校生活に影響が出ることもある。自らの生活を客観的に見つめ、節度ある生活の必要性について考えさせたい。

3　教材について（教材観）

● 教材の概要

夏休みの交換留学生として、ドイツのフランクフルトにやってきたまさみは、イザベラという小学生に出会う。夕食後、イザベラの部屋でゲームを楽しむ2人であったが、イザベラは寝る時間になるとゲーム機をさっさと片付けてしまう。「もう少しくらい」と思うまさみは不満を募らせる。翌日、ゆかとそのホストファミリーが、ベッカー夫妻の自宅にやってきた。まさみとゆかの着ているブラウスを見たイザベラの「流行をずいぶん気にしているのね」という一言をきっかけとして、まさみは自らのこれまでの行動を振り返ることになる。

● 教材活用の視点

節度を守り、節制に心がけて生活を送ることが、日々の生活をより充実したものになるということに気付かせたい。そこで、児童をまさみやイザベラに自我関与させ、流行にとらわれず自分自身で判断して思慮深く行動することの大切さについて考えられるようにしたい。

4　指導のポイント

節度を守り、節制に心がけて生活を送ることが、なぜ日々の生活をより充実したものになるのかということを考えさせるため、問題解決的な学習を展開する。導入段階で、「節度」という言葉の意味を理解させた上で、児童が節度ある行動について自らの経験を想起させ、問題を追究させていく。

学習指導過程

	学習活動（主な発問と予想される反応）	指導上の留意点
導入	1　節度ある生活について想起し、発表し合う ○「節度ある生活」とは、どのようなことだと思うか。 ・自分のわがままばかりを通さないこと。 ・他人の意見を聞き入れて、自分の悪いところを素直に直していくこと。 ・マナーを守って、みんなに迷惑をかけないこと。 ○本時の問題を確認する。 　　節度ある生活はどうして必要なのだろうか。	・「節度」という言葉の意味について説明し、理解させた上で発問する。 ・具体的な生活場面を想起するよう、具体例を提示する。
展開	2　『ホームステイ』をもとに、問題解決を図る ＊まさみさんの考えや思いを想像してみましょう。 ○ゲーム機を片付け始めたイザベラの姿を見て、まさみはどんな気持ちだったか。 ・もう少しくらいならいいじゃない。 ・こんなに早く寝たくないな。 ・なんだか、日本にいるみたいでつまらないな。 ○「その人が気にいっているものを着ればいいんじゃない」とイザベルに言われたとき、どんなことを考えたか。 ・そんなこと言われたの初めてだな。 ・人気があるものを着たほうがかわいいのに。 ・イザベルは流行を気にしないんだ。 ◎「流行をずいぶん気にしているのね」と言われ、母とのやり取りを思い出しているまさみの思いを考えましょう。 ・自分でよく考えないで行動してしまっていたな。 ・お母さんにわがままなことを言っていたのかな。 ・これからは、よく考えて行動しなきゃな。 3　節度を守った生活について考える ○節度を守った生活をしなければならないと思ったことはあるか。	・主人公に自我関与させながら、自分との関わりの中で、生活習慣の違いについて考えられるようにする。 ・イザベルの考え方が理解できない主人公の思いを自分事として考えさせる。 ・これまでの生活を見つめ直し、節度ある生活の大切さに気付いた姿を、自分事として考えさせる。 ・必要に応じて「イザベルは、どのような気持ちからそのような発言をしたのだろう」などといった補助発問を行う。 ・これまでの自分自身の生活を振り返って考えるよう促す。
終末	4　教師の説話を聞く	・教師自身の失敗体験や、努力した経験などを話す。

ホームステイ

板書計画

自分との関わりで、問題解決を促す板書構成

本時に解決する問題を導入で提示し、主人公の心情変化を自分との関わりの中で考えさせ、問題解決を促す板書を行う。

授業の実際

1 問題設定の実際

T みなさんは、「節度」という言葉を知っていますか。

C 「やりすぎてはいけない」というような意味だと思います。

T そうですね。辞書には、「行き過ぎない」「程よいこと」といった意味が書かれていました。
　では、「節度ある生活」とはどのようなことを言うのだと思いますか。具体的に考えてみましょう。

C 自分のわがままばかりを通さないことです。

T 例えば、今までにどんなわがままを言ったことがありますか。

C ほしい物を買ってもらえなかったので、親とけんかしてしまったことがあります。

T なるほど。自分の思いだけを通すことはなかなか難しいのですね。他の人はどうでしょうか。

C 人の意見を聞き入れて、自分の悪いところを素直に直していくことです。

T なるほど、他の人の意見を聞き入れて自分の生活を考えていくことも「節度ある生活」に関係がありそうですね。
（問題カード提示）

> 節度ある生活はどうして必要なのだろうか。

今日は、『ホームステイ』という話をもとにして、節度ある生活が必要なわけを考えていきます。
　主人公のまさみさんは、ホームステイ先で出会った女の子との関わりを通して、「節度ある生活」についてどのようなことを考えたのでしょう。

問題解決的な学習のポイント

主人公と自らの経験を意識させた問題解決を行うため、以下の3点を意識する。

ポイント①
規則正しい生活の重要性を理解できるようになってきた児童の実態から、自らの生活を客観的に見つめ、節度ある生活の必要性、そのために必要なことを具体的に考えられる問題を提示する。

ポイント②
言葉のイメージを発表するのみにとどまらず、問題を自分事として具体的に想起できるようにする。特に、振り返りの場面では、これまで自分ができなかったことについても目を向けさせていく。

ポイント③
「節度ある生活はどうして必要なのだろうか」という問題に対して、1時間の学習を通して児童の考えを深めていく。導入時の考えと比較させ、具体的な生活場面を想起しながら考えさせる。節度を守った生活が「自分のため」であるとともに、「周りの人のためにもつながること」について考えを広げ、深めるようにする。

2 問題解決から個々のまとめ

T 「流行をずいぶん気にしているのね」と言われ、母とのやり取りを思い出しているまさみさんの思いを考えましょう。

C 今まで自分は、流行を意識しすぎてしまって、よく考えないで行動していたなと思いました。

C お母さんにわがままなことを言っていたのかな。自分だったら、お母さんに謝りたいと思います。

C 「これからは、やりすぎないようによく考えて行動しなきゃ」と思っていると思います。私も同じような経験があります。

T なるほど。節度ある生活は、「自分のため」という考えだけではなく、「人のためでもある」という考えも出てきましたね。家族だけではなく、例えば友達との学校生活においても節度について考えていく必要がありそうですね。

T どうすれば、「節度を守った生活」を送ることができるのでしょうか。これまでの生活を振り返って、節度を守った生活をしなければならないと思ったことを考えてみるといいですね。

> ……… **評価のポイント** ………
> 本時の指導の意図は、児童が主人公に自我関与して、節度ある生活の大切さについて考えることである。児童が自分事として、問題解決を図っている状況を、ワークシートの記述や発言などから積極的に評価する。

ホームステイ

主 題	内容項目	主として自分自身に関すること
自分を伸ばすのは	A　個性の伸長	

第6学年
勇太への宿題

光 文

出典 文部省「小学校　読み物資料とその利用『主として自分自身のこと』」

1　ねらい

自分の特徴を知って、短所を改め長所を伸ばそうとする態度を育てる。

2　主題設定の理由（指導観）

● ねらいとする道徳的価値（価値観）

個性の伸長のためには、自分の特徴を知り、短所を改めたり長所を伸ばしたりすることを継続していくことが大切である。そのためにも、自己を振り返って、改めるところは改め、自己を高めようとする意欲や態度を育てたい。

● 児童の実態（児童観）

児童は、他者と自分を比べることで自分の短所や長所に何となく気が付いている。短所を受け止められず、自信がもてなくなることもある。短所はしっかりと受け止め、努力によって望ましい方向に改め、自分の長所は一層生かし、伸ばしていけるようにしたい。

3　教材について（教材観）

● 教材の概要

サッカーの得意な勇太は、自分勝手なプレーが目立つ。ある日、勇太は足を骨折する。お見舞い来た信夫から宿題が出されたが、よく分からない。退院後、まだ運動ができない勇太は先生からサッカー選手の記事を読ませてもらい、信夫たちの練習の様子を見ることで宿題の答えが分かりはじめる。

● 教材活用の視点

短所を望ましい方向に改め、長所を伸ばそうとするのは、どのような思いや考えがあるからか考えさせる。そこで、信夫からの手紙に書かれていた宿題の答えについて「分かったような気がする」と言った勇太の思いを自分との関わりで考えることを中心とする発問を構成する。

4　指導のポイント

短所を改め、長所を伸ばそうとするのは、どのような思いや考えがあるかについて問題解決的な学習を展開していく。そこで、導入段階では事前にアンケートをとった結果を提示して、児童が短所を直そうとしたり長所を伸ばそうとしたりしたことを話し合わせる。そして、その背景にあったものは何かを『勇太への宿題』を通して、考えさせる。

学習指導過程

	学習活動（主な発問と予想される反応）	指導上の留意点
導入	1　アンケート結果を提示し、短所を改め、長所を伸ばそうとしたことがあるか想起し、発表し合う ○（アンケートの結果の提示後）今まで、どんな短所を直し、長所を伸ばそうとしましたか。 ・歌が好きで、自分の長所にしたくて努力しています。 ・苦手な算数の計算問題を正確に解けるように練習しています。	・短所を改め、長所を伸ばすことができたことを発表させる。 ・発言が出にくいときは、事前にアンケートをした結果から具体例を提示するようにする。
	短所を望ましい方向に改め、長所を伸ばそうとするのは、どのような思いや考えがあるからか。	
展開	2　『勇太への宿題』を通して、話し合う ※勇太は、どんな性格の少年かを確認する。 ・何ごとにも頑張る。 ・チームワークを考えず自分勝手である。 ○信夫はどんな思いで勇太に宿題を出したのか。 ・勇太の長所を伸ばしてほしいと思った。 ・勇太の自分勝手なところを直さないとチームが強くならない。 ・大事な友達だから。 ◎「先生、ぼく、分かったような気がします」と言った勇太は、どんな思いや考えで言ったのか。 ・自分勝手なところを直さないといけないと思った。 ・自分中心のプレーは、自分の長所も生かせない。 ・チームのためにこれからも頑張ろうと思う。 3　自分自身のことを振り返る ○自分の短所を改め、長所を伸ばそうとしてきたのは、どんな理由があったのだろうか。 ・苦手な計算問題を正確に解くことで、自分の力を伸ばしたいと思ったから。	・教師がサッカーのことではなく、勇太の行動に焦点を当て、長所や短所を確認する。 ・信夫が手紙を出した理由を考えることで、勇太に短所を改めたり長所を伸ばしたりしようとしていることに気付かせる。 ・短所を改め、長所を伸ばそうとする思いや考えの背景にあるものを自分との関わりで考えさせる。 ・これまでの経験を想起させ、自分の行動の背景にあったものを考えさせる。 ・考えやすいように、ワークシートを配布する。
終末	4　教師の説話を聞く	・教師自身が短所を改めたり、長所を伸ばしたりした経験談を話す。

勇太への宿題

板書計画

問題解決的な学習における板書構成

問題が分かるように横書きで板書する。左側に導入で提示したアンケート結果を掲示することで、問題意識をもち続けられるようにした。

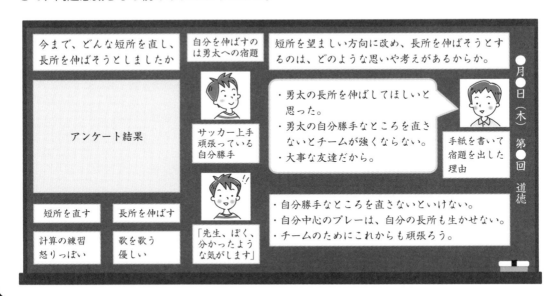

授業の実際

1　問題設定の場面

T　この前、自分の短所や長所についてのアンケートを行いました。「自分の短所を知っている」「自分の長所を知っている」の人の数ですが、どのような結果となったと思いますか。

C　短所は知っている人は多くて、長所は少ないと思います。

C　長所は見付けることが難しいと思うので、短所の方が多いと思います。

T　なるほど。それでは結果はこのようになりました。

C　（口々に反応する）

T　このクラスのアンケート結果では、短所を知っている人の方が多いようですね。さて、アンケートでも聞きましたが、これまで自分の短所を直そうとしたり、長所をさらに伸ばそうとしたりしてきたことはありませんか。

C　私は計算を正確に解くことが苦手なので、練習してきたことがあります。

C　ぼくは恥ずかしがり屋なので発言することが苦手でした。でも少しずつできるようになってきています。

C　私は歌うのが好きで、長所だと思っています。得意なことをもっとできるようにしたいと思って歌っています。

T　なるほど。なかには自分の短所を直そうと思ったり、長所を伸ばそうと思ったりしてもなかなかできない人もいるのではないでしょうか。そう思う人はいますか。
（児童に挙手させる）

T　短所を直そう、長所を伸ばそうと思えるのは、どんな考えや気持ちがあるからできるのでしょうか。今日は、『勇太への宿題』を通して、考えていきましょう。
（学習問題を板書する）

問題解決的な学習のポイント

導入段階で、児童に問題意識をもたせるため、アンケート等を活用していく。

2　問題解決から個々のまとめ

T　「先生、ぼく、分かったような気がします」と言った勇太は、どんな思いや考えで言ったのでしょうか。

C　シュートばかりしている自分勝手なところを直さないといけないと思ったのだと思います。自分がもっとシュートを決められるように、自分のためにも直そうと思ったと思います。

C　自分中心のプレーは、自分の長所も生かせないことが分かったんだと思います。だから自分はシュートの役割をもっとしっかりして、チームのことを考えてプレーをしようと思ったと思います。

C　これまでのことを反省して、頑張ろうと思ったと思います。なぜなら、自分のよくないところを信夫くんに気付かせてもらったし、信夫くんのためにも直していこうと考えたと思います。

T　勇太くんは、信夫くんの宿題の答えが分かったと言った心の中には、自分の短所を直し、長所を伸ばして「自分のために」「チームのために」「信夫のために」という思いや考えがあったようですね。

T　今度は、これまで自分の短所を改め、長所を伸ばそうと、どんな理由でしてきたか、振り返ってみましょう。

---------- 評価のポイント ----------

本時の指導の意図は児童が勇太に自我関与して、短所を改め、長所を伸ばそうとする思いや考えについて考えることである。そのため、自分自身のことを振り返る学習での発言やワークシートへの記述をもとに学習状況を把握する。

勇太への宿題

| 主　題 | 内容項目 | 主として自分自身に関すること |

自分の役割に目を向けて　　A　希望と勇気、努力と強い意志

第6学年
小川笙船

出典　文部科学省「小学校道徳　読み物資料集」

1　ねらい

　夢や希望に対する強い思いが困難を乗り越える強さにつながることに気付き、自分の夢や希望に対する思いを大切にして物事をやり抜こうとする心情を育てる。

2　主題設定の理由（指導観）

●　ねらいとする道徳的価値（価値観）

　自立してよりよく生きていくためには、より高い目標を立て、夢や希望をもって努力していくことが大切である。夢や希望への強い思いこそが、困難を乗り越える強さとなることに気付かせ、目標に向かって前進しようとする思いが深まるよう指導したい。

●　児童の実態（児童観）

　児童は先人の生き方に関心を高めたり、自らの希望を膨らませたりする。一方で、自分に自信がもてず、夢と現実の違いを意識している。そこで、自分の夢や希望に対する思いを大切にして、困難を乗り越え物事をやり抜くことについて考えさせたい。

3　教材について（教材観）

●　教材の概要

　笙船は、道に倒れて苦しむ定吉を診療した。貧しい者を手厚く診療しても助からない者が多いことに胸を痛める医者であった。笙船が診療所の患者の多さを殿様に伝えたことから、小石川養生所がつくられた。笙船は、多くの貧しい患者を診察し、志ある医者を育て、薬草を育てて、目が回るような毎日を過ごす。ある日、元気になった患者が満面の笑みで大根のかごをもってくる姿に、笙船はうれしそうだった。養生所はその役割を終え、現在は小石川植物園となっている。

●　教材活用の視点

　小石川養生所で目が回るような毎日を過ごす笙船に自我関与させ、学級全体で追究する。具体的に笙船の生活を想像させることから希望と勇気について多面的・多角的に考えさせていく。

4　指導のポイント

　小石川養生所で目の回るような毎日を過ごす笙船に自我関与させることで、仕事が忙しいと思う気持ちや悩みなどがありながらも、それを続けるおおもとには、多くの貧しい患者を救いたいという強い思いがあることを考えさせる。また、その思いを実現させる喜び、自己実現の喜びがあることにも気付かせたい。

学習指導過程

	学習活動（主な発問と予想される反応）	指導上の留意点
導入	1　自分の夢や目標を思い浮かべ、それに向かって取り組むときの気持ちを発表する ○頑張ろうと思う一方で、だめかもしれないな、もういやだなと思うことはありますか。 ・A選手のようなサッカーの選手になりたくて頑張っているけれど、無理かなと思うことがある。 ・自分で目標を決めているので、しなくてはならない勉強に忙しくて大変だけれど、頑張っている。 ○本時の問題を確認する。	・ねらいとする道徳的価値について問題意識をもつことができるようにするため、困難にくじけそうな場合と乗り越えようとしている場合を取り上げる。
	困難を乗り越えて頑張る心とはどのようなものだろう。	
展開	2　『小川笙船』を読んで話し合う ○養生所での笙船は、どんな思いで働いていたか。 ・病人の診察や若い医者たちへの指導で忙しい。 ・一生懸命やっても、うまくいかなくて悩んだだろう。 ・難しい病気の人を治せず、つらかっただろう。 ○笙船が困難に強く立ち向かえたのは、どのような心があったからか。 【夢や希望につながる視点】 ・たくさんの貧しい人の命を助けたい。 ・元気になった患者さんの笑顔を見たい。 ・よい医者を育てたい。 ・任された仕事を責任をもってやり遂げたい。 【成果や自分の向上の自覚につながる視点】 ・患者さんに喜んでもらえてうれしい。 ・前よりも多くの人が救えるようになってうれしい。 ・自分が前よりも成長していることに、満足できる。 ○困難を乗り越える強さのもとはどんな心でしょう。 ・自分の夢や希望を実現したいという強い気持ち。 ・成果が出て、成長している自分を感じること。 3　夢や希望をもって努力しているかどうか振り返る ○みなさんは、「～したい」という気持ちをしっかりもって努力していますか。	・困難の中で仕事を続ける笙船に自我関与して考えさせる。 ・自分と笙船との共通点を意識させるため、笙船が直面している困難を確認しておく。 ・多面的・多角的な考えを引き出すため、仕事に取り組む笙船の立場に立ってその気持ちを考えさせ、グループで各自の意見を出し合った後、発表させる。 ・笙船の心のおおもとには、夢や希望への強い思いや、それに伴う自分の向上への喜びがあることに気付かせる。
終末	4　教師の説話を聞く	・夢への強い思いにより努力できたことや、自己実現の喜びについて話す。

小川笙船

板書計画
道徳的価値への気付きを促す板書構成

ねらいとする道徳的価値について多面的・多角的に取り上げる過程で、夢や希望への思いが困難を乗り越えることへとつながるという気付きを促す板書を構想する。

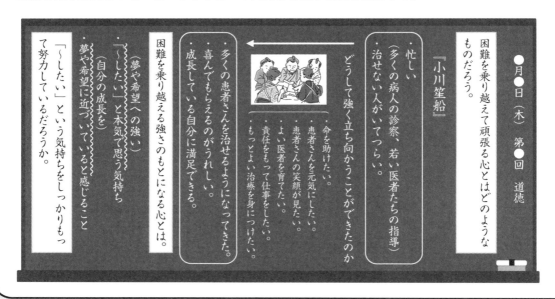

授業の実際

1 登場人物への自我関与の実際

T 笙船が困難を乗り越えられたのは、どんな心があったからだろう。仕事をしている笙船の心の中を具体的に想像しながら、一人一人しっかりと考えてみましょう。
（その後、グループでの話合い）

C 大根をもってきた人の笑顔を見て、とてもうれしかっただろう。喜んでくれたからだと思う。

C 若い医者を立派に育てると、楽になるから頑張ったのではないか。

T 楽になったら、笙船はどうするだろうか。

C 別の若い医者を育てると思う。

T ということは、楽をするよりも、もっとやりたいことがあるんだね。多くの病人を目の前にして、何を思っていたのだろう。

C もっともっと多くの貧しい患者を救いたい。

C もっとたくさんの患者さんを助けたいと思っているのだと思う。

C 助けられなくて亡くなってしまう人がいて、とてもつらかったと思うから、貧しい人の命でも大事にしたいと思っていると思う。

T 前よりも多くの患者さんを助けられるようになって、若い医者が立派に育ってきたとき、笙船は自分のことをどう思っただろうか。

C よく頑張ってきたなあと思って、うれしかったと思う。

C うれしいから、もっともっと上手に治療できるようになって、もっと頑張りたいと思っただろう。

（全体での発表へ）

問題解決的な学習のポイント

児童に問題解決に向けて多面的・多角的に考えさせるため、以下のような工夫を行う。

「笙船は仕事だから頑張っているのではない」という点に着目させ、「〜したい」という強い思い（夢・希望）がおおもとにあることに気付かせる。

笙船の心情に自我関与させるため、必要に応じて仕事の具体的場面を例示して自分事として考えられるようにする。

困難に強く立ち向かう笙船の心情を、多面的・多角的に引き出すため、グループでの話合いを取り入れる。

2　道徳的価値の実現に向けた追究

T　笙船の心の中をこうして考えてみると、笙船が困難を乗り越えた、その強さのもとは何でしょうか。

C　笙船の「できるだけたくさんの病人を治したい」という気持ちだと思います。

C　自分の提案で始まった養生所だから、責任をもって働いて、養生所を立派にしたかったのだと思います。

T　どの気持ちもきっとあったと思いますよ。そのおおもとにあるのはどんな気持ちでしょう。仕事だからこんなに頑張ったのでしょうか。

C　仕事だからというよりは、自分がしたいから頑張ったと思います。

C　笑顔が見たいとか、命を救いたいとか、いろいろあると思うけれど、「したい」と本気で思っていたのだと思います。

T　他の気持ちもありそうですよ。

C　「うれしい」もあると思います。

C　人の役に立って満足したり、治したりすることが上手になることもうれしさです。

T　自分の願い、夢や希望が実現に近付いたり、成長している自分に気が付いたりするうれしさですね。

……… 評価のポイント ………

本時の指導のポイントは、主人公に自我関与して、困難に立ち向かう強い思い（夢や希望）について考えることである。児童が、夢や希望を実現しようとする気持ちを自分事として考えている学習状況を発言やノートなどから把握する。

主として自分自身に関すること

小川笙船

主 題	内容項目	主として自分自身に関すること
興味や好奇心を大切に	A　真理の探究	

第6学年
天から送られた手紙

教出
日文⑤

※⑤：第5学年掲載

出典　文部科学省「私たちの道徳　小学校5・6年」
　　　文部省「小学校　読み物資料とその利用『主として自分自身のこと』」

1　ねらい

　身近なことに興味・関心や好奇心をもち、分からないことをそのままにしないで進んで調べ、真理を探究しようとする心情を育てる。

2　主題設定の理由（指導観）

● ねらいとする道徳的価値（価値観）
　疑問を大切にし、物事に興味・関心や好奇心をもつことで、探究していこうとする態度が育まれ、それがよりよい生き方につながっていく。物事に興味・関心、好奇心をもって物事の真理を探究しようとすることのよさを考えさせたい。

● 児童の実態（児童観）
　児童は、難解な国語や算数の問題を諦めてしまう嫌いがある。また、身近な生活においても多く存在する。疑問に思ったことや分からないことをそのままにするのではなく、好奇心をもって真理を探究しようとすることの大切さについて指導したい。

3　教材について（教材観）

● 教材の概要
　雪の研究で世界的に有名な中谷宇吉郎の話である。雪の結晶の写真集を見て、その美しさに心を奪われた宇吉郎は、雪の研究を始めた。研究を続けていくと、結晶の形と天候との関係がつかめることができた。いろいろな状態の中で雪を作ることができれば研究が進むはずだと考え、雪の結晶になる核を作ろうとするも、なかなか思うようにならない。考え続けた宇吉郎は、仲間の何気ない一言をヒントに雪の結晶作りに成功することができた。

● 教材活用の視点
　真理の探究のために大切な心情は多々あると考える。そこで、中心発問にて、試行錯誤した末に実験を成功に導くことができた気持ちを多面的・多角的に考えさせる。児童の言葉をキーワードにすることで、問題解決に導くことができるようにする。

4　指導のポイント

　新しいものを生み出したり、もっと便利な方法を見付け出したりしたいと多くの児童が思っているものの、面倒だと思ったり、途中で諦めてしまったりしてしまう傾向がある。そこで、「新しいものを生み出したり、もっと便利なやり方を見付け出したりするためにはどんな思いが大切なのだろうか」と問い、問題解決的な学習を展開する。

学習指導過程

	学習活動（主な発問と予想される反応）	指導上の留意点
導入	1　事前アンケートの結果を提示する 「新しいものを生み出したり、もっと便利なやり方を見付け出したりしたいと思ったことはありますか。」 「新しい発見をしたことで、生活をよりよいものにできたことはありますか。」 ○アンケート結果をもとに、本時の問題を確認する。	・本時の問題を自分事として考えることができるようにするために、アンケートの結果を提示する。 ・アンケートの結果から、よりよく生きるためには、真理の探究が大切だが、実際にはできていない現状から本時の問題を提示する。
展開	新しいものを生み出したり、もっと便利なやり方を見付け出したりするためには、どんな思いが大切なのだろうか。 2　『天から送られた手紙』をもとに、問題解決を図る ○零下15度の十勝岳で観測をする等、研究を続けていた宇吉郎はどんなことを考えていただろう。 ・いろいろなことが分かってくると楽しいな。 ・自分の好きな研究を続けていくと楽しい。 ◎雪の結晶ができて、思わず叫んだ宇吉郎はどんな気持ちだったのだろう。 ・苦労したけど考え続けてよかった。（粘り強く・努力） ・いろいろな方法で実験することで、成功できた。（興味・関心、好奇心） ・仲間と協力し続けてよかった。（仲間との協力） ○空を見上げて、「雪の結晶は、天から送られた手紙のようだ」と思う宇吉郎の気持ちを考えよう。 ・身近なところから研究に進むヒントがあった。 ・研究し続けていけば、分かるものがある。 3　自分自身を振り返る ○身近なことに興味・関心や好奇心をもって、もっと調べてみたいと思ったことはありますか。 ・将棋が強くなりたいと思って、いろいろな人の打ち方を研究している。 ・宮沢賢治さんの本を読んだら、その世界観をもっと味わいたいと思って、いろいろな本を読んでいる。	・新しいことが分かることのよさ、発見する喜びを考えさせる。 ・試行錯誤した末に実験を成功に導くことができた気持ちを多面的・多角的に考えさせる。 ・児童の言葉をキーワードにすることで、問題解決につなぐことができるようにする。 ・疑問に思ったことを探究し続けることのよさを考えさせ、「真理の探究」の価値理解を図る。 ・学習問題を解決するためのヒントが『天から送られた手紙』にあったことを確認する。
終末	4　教師の説話を聞く	・教師が好奇心をもって進んで調べた経験談を話す。

板書計画

心情を多面的・多角的に捉える板書構成

中心発問での心情を多面的・多角的に捉え、キーワードにして押さえることで、問題解決を図る板書を構成する。

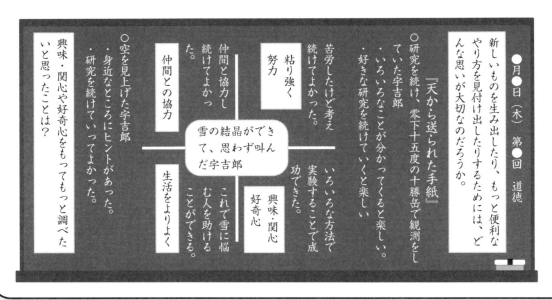

授業の実際

1 中心的な発問での話合い

T この前、みんなにアンケートを取りましたね。その結果を紹介します。
「新しいものを生み出したり、もっと便利なやり方を見付け出したりしたいと思ったことはありますか」という問いに対しては、9割の人が「そう思う」と答えていました。

C 「これがあればいいな」と思うものはたくさんあるな。

T 一方で、「新しい発見をしたことで、生活をよりよいものにできたことはありますか」という問いには、9割の人が「ない」と答えていました。このように答えてくれた人は、どんな思いでこう答えたか、教えてもらってもいいですか。

C 「こういうのがあればいいな」って思うことはあるけど、「僕には無理かな」と思うし、きっとそのうち誰かが考えて発明してくれると思う。

T なるほどね。ありがとう。新しいものを発見するって壮大で難しいと思いますよね。例えば、このカップラーメン。実は、日本人が発明したものなんですね。車を例に挙げてみても、エコカーだったり、自動運転だったり、世の中には新たな発明がたくさんあるんですね。

C 新しい発明で世の中が進化しているね。

T 新しいものを生み出したり、もっと便利な方法を見付け出したりする人はどんな思いを大切にしているかな。今日は、このことをみんなで考えていきたいと思います。
（本時の問題を提示）

> 新しいものを生み出したり、もっと便利なやり方を見付け出したりするためには、どんな思いが大切なのだろうか。

問題解決的な学習のポイント

問題解決に向けた4つのキーワードをもとに、自分事として考えさせる。

新しいものを生み出したり、もっと便利な方法を見付け出したりしたいと思う気持ちはありながらも、それを実行できていない児童が多いという実態を考え、問題解決的な学習を取り入れる。

板書にキーワードが書かれていることで、大切なことが何であるかが分かりやすく考えることができるようにする。

教材を通して、新しいものを生み出したり、もっと便利な方法を見付け出したりすることの大切さを多面的・多角的に考えさせていく。そうすることで、身近なことに興味・関心や好奇心をもって、それを探究していくことのよさを自分事として考えることができるようにする。

2　問題解決から個々のまとめ

（展開前段を終えて）
T　今日の問題は、「新しいものを生み出したり、もっと便利なやり方を見付け出したりするためには、どんな思いが大切なのだろうか」でしたね。『天から送られた手紙』の中で、その解決のヒントはありましたか。
C　新しい発見をするためには、研究を粘り強く続けることが大切だな、と思った。
C　仲間の言葉を聞いて、試してみようと思ったことで成功したんだと思う。
T　仲間の協力が大切ってことかな？
C　1人じゃ抱え込んでいてもできなかったと思うから、仲間との協力も大切だし、仲間の何気ない一言を聞き逃さないで試してみたことがよかったんだと思う。
C　成功するための秘訣って、生活の身近なところにあるんだな、と思いました。
C　その身近にあるものに対して、興味や関心、好奇心をもって調べようと思う気持ちが大切なんだと思う。
T　なるほど。たくさんのヒントがありましたね。身近なものに興味・関心や好奇心をもって、もっと調べようと思うことが成功への鍵でしたね。それでは、自分自身のことを振り返ってみましょう。

……… 評価のポイント ………
本時の指導の意図は、問題解決的な学習を行うことで、身近なことに興味・関心や好奇心をもち、真理を追究しようとする心情の大切さを考えることである。発問での発言や後段において、自分事として考えている学習状況などから把握する。

主題		内容項目	主として人との関わりに関すること

相手の立場に立って親切に　B　親切、思いやり

第6学年
最後のおくり物

光村　日文
廣あ　学研

出典　文部科学省「私たちの道徳　小学校5・6年」
文部省「小学校　読み物資料とその利用『主として他の人とのかかわりに関すること』」

1　ねらい

誰に対しても思いやりの心をもち、相手の立場に立って親切にしようとする態度を育てる。

2　主題設定の理由（指導観）

● ねらいとする道徳的価値（価値観）

よりよい人間関係を築くには、相手に対する思いやりが不可欠である。どのように相手と接し、対処していくことが相手のためになるのかをよく考え、相手の立場に立って親切にすることの大切さを感得できるように指導したい。

● 児童の実態（児童観）

児童は、思いやりの心で人に接することは大切であると思っているが、実際に実行することの難しさも感じている。どうすることが相手のためになるのかをよく考え、相手の立場に立って親切にすることの大切さを考えさせたい。

3　教材について（教材観）

● 教材の概要

ある日、俳優志望の貧しい少年ロベーヌのもとに「おくり物（養成所の学費）」が届けられる。しかし、ロベーヌが、養成所に通い実力を認められるようになった頃、「おくり物」が届かなくなる。そんなとき、ロベーヌは、「おくり物」はジョルジュじいさんからだったことに気付くが、ジョルジュじいさんは病に倒れ亡くなってしまう。ロベーヌは、ジョルジュじいさんが最後に書いた手紙を読み返し、思いやりの心に触れる。

● 教材活用の視点

児童が自分との関わりで親切にすることの大切さを理解するとともに、親切な行動をするために大切なことについて考えられるようにするために、夢をもつロベーヌを支えるジョルジュの言動や『最後のおくり物』に込められた思いから、本当の思いやりについて考えさせたい。

4　指導のポイント

児童が相手に親切にできたことやできなかった経験を想起させることで、問題を自分事として捉えられるようにする。ジョルジュの行動をどう思うかを考え、話し合わせることにより、心から相手の気持ちや立場を考えた行為であることに気付かせる。そして、思いやりを行動として表すのは困難を伴うこともあるが、相手を思う気持ちを大切にすることや勇気をもって思いやりの気持ちを行動で表すことがよりよい人間関係の構築の基盤となることを追究させる。

学習指導過程

	学習活動（主な発問と予想される反応）	指導上の留意点
導入	1　親切にできたことやできなかった経験を発表し合う ○人に親切にできたことやできなかったこととして、どのようなことがあるか。 ・低学年が困っていたので優しく教えてあげた。 ・重そうな荷物を持ったお年寄りが、階段の途中で立ち止まっていたけど、声をかけることができなかった。 ○本時の問題を確認する。 誰に対しても親切な行動ができるのは、どのような考えや思いがあるからだろうか。	・親切にできたことやできなかったことなど身近な事例を想起させる。 ・親切にしたくても行動できなかった経験はないか、問題を自分事として捉えられるようにする。
展開	2　『最後のおくり物』をもとに、問題解決を図る ＊ジョルジュじいさんの考えや思いを想像してみよう。 ○ジョルジュじいさんは、ロベーヌの話を聞いて、どんなことを考えたか。 ・熱心に練習しているロベーヌの夢をかなえてやりたい。 ・自分にできることは何かないか。 ○ジョルジュじいさんは、病気をしてまでもロベーヌのために行動できたのはどんな思いからか。 ・助けになれることがうれしいから。 ・ロベーヌの熱い思いが分かるから。 ・ロベーヌの夢の実現のためにお金を工面したことも幸せに感じているから。 ○『最後のおくり物』に込められたジョルジュじいさんの思いは、どのようなものか。 ・ロベーヌが困っているのではないかと思って、ロベーヌのためにお金を届けようとしたロベーヌを思いやる気持ち。 ・ロベーヌの夢を一緒に応援しようとする優しい気持ち。 ◎本当の親切とは、どのようなことだと思うか。 ・相手の立場に立って、相手のことを考えること。 ・相手の幸せを願って、相手のためにすること。 3　人に親切にすることの難しさや大切さを自分の経験から振り返る ○今まで、人に親切な行動をしようとしたときにどんな考えや思いがありましたか。	・窓越しに熱心に学ぶ姿にたまりかねてジョルジュが声をかけた状況を押さえ、その後の支援につながっていることを共通理解させる。 ・ジョルジュの言動に注目させ、気持ちを考えさせることにより、相手の状況を理解した上での行為であることに気付かせる。 ・見返りを求めることなく、ただ心から相手のことを思って行動しているジョルジュの姿から、本当の思いやりについて考えを深めさせる。 ・誰に対しても親切にすることの難しさを乗り越えるには、どのような考えが必要か、自分との関わりで考えさせる。
終末	4　教師の説話を聞く	・ボランティア活動の体験を話し、思いやりのある行動のよさに触れる。

主として人との関わりに関すること

最後のおくり物

板書計画

道徳的価値の実現の背景を追究する板書構成

　本時の「親切、思いやり」に関わる問題を明示して、教材をもとに自分との関わりで考える学習を促すような板書を構想する。

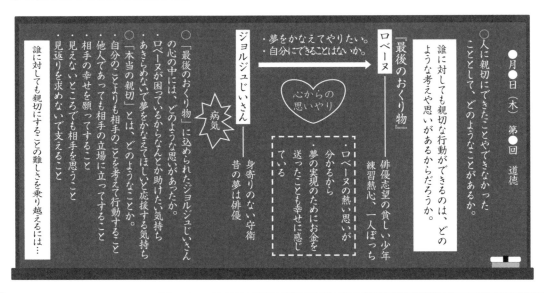

授業の実際

1　問題設定の実際

T　みなさんは、今まで人に親切にできたことやできなかったこととして、どのようなことがありますか。

C　縦割り班掃除の時間、低学年に掃除の仕方を親切に教えました。

T　そのとき、どうして親切にしようと思ったのですか。

C　低学年が困っていたので、心配になったからです。

T　心配になったのですね。では、親切にできなかった経験はありますか。

C　重そうな荷物を持ったお年寄りが階段の途中で立ち止まっていたので、声をかけようと思ったけれどできませんでした。

T　どうして声をかけようと思ったのですか。

C　大丈夫かな、何か手伝った方がいいかなと思ったからです。でも、恥ずかしくて勇気が出ませんでした。

T　なるほど。親切にできた人もできなかった人も困っている人を見ると心配になって、何とかしたくなったのですね。でも、行動に表すのはなかなか難しいと感じている人もいますね。
　では、誰に対しても親切な行動ができるのは、どんな考えや思いがあるからでしょうか。

（問題のカードを提示）

> 誰に対しても親切な行動ができるのは、どのような考えや思いがあるからだろうか。

　それでは、今日は『最後のおくり物』という話をもとにして、この問題を考えていきます。題名にもなっている『最後のおくり物』とはどんなことなのか、おくり物に込められた思いを想像していきましょう。

144　第6学年　考え、議論する道徳科授業の新展開

自我関与を深める学習のポイント

児童の経験を想起させることで、問題を自分事として捉えられるように追究する。

児童の実態から、思いやりを行動として表すのは困難を伴うこともあるが、どうすることが相手のためになるのかを考えさせたいと思い、相手の立場に立って親切な行動をするために大切なことについて問題にした。

誰に対しても親切な行動ができるのは、どのような考えや思いがあるからなのかという問題について、『最後のおくり物』に込められた思いから、本当の親切とはどのようなことか話し合った。「自分のことよりも相手のことを考えて行動すること」「他人であっても相手の立場に立ってすること」「相手の幸せを願ってすること」「見えないところでも相手を思うこと」「見返りを求めないで支えること」という背景を導いていった。このことをもとにして、一人一人が自分自身の考えや思いを振り返った。

児童が人に親切にできたことやできなかった経験を想起させることで、問題を自分事として捉えられるようにした。

2　問題解決から個々のまとめ

T　『最後のおくり物』に込められたジョルジュじいさんの心の中には、どのような思いがあったのでしょうか。
C　何としてもお金を届けないと、ロベーヌが困っているのではないかと思って、ロベーヌを助けたい気持ち。
C　あきらめないで、夢をかなえてほしいと応援する気持ち。
T　では、ジョルジュじいさんの行動から「本当の親切」とは、どのようなことだと思いますか。
C　自分のことよりも、相手のことを考えて行動すること。
C　他人であっても、相手の立場に立ってすること。
C　相手の幸せを願ってすること。
C　見えないところでも相手を思うこと。
T　いろいろな考えが出ましたね。「本当の親切」とは、「相手の立場に立って」「相手の幸せを願って」と、相手のことを思って行動することだという考えが出ましたね。
　では、今度はみなさんが、今まで人に親切な行動をしようとしたときにどんな考えや思いがありましたか。振り返ってみましょう。

> ·········· 評価のポイント ··········
>
> 思いやりを行動として表すのは困難を伴うこともあるが、児童が自分との関わりで親切にすることの大切さを理解するとともに、親切な行動をするために大切なことについて考えている学習状況を発言やつぶやき、ワークシートの記述などから把握する。

最後のおくり物

主題	内容項目	主として人との関わりに関すること
支えに応える	B 感謝	

第6学年
和井内貞行

その他

出典 文部省「小学校 道徳の指導資料第1集（第6学年）」

1 ねらい

　自分を支えてくれる人々や先人に対して、尊敬や感謝の念をもち、それに応えようとする心情を育てる。

2 主題設定の理由（指導観）

● ねらいとする道徳的価値（価値観）

　私たちの生活は多くの人々に支えられていることに気が付き、広く人々に尊敬と感謝の念をもつことが大切である。本時においては生活を支えてくれる人々や、この生活を築いてくれた先人にまで考えを広げ、尊敬や感謝の念をもち、それに応えることについて考えさせたい。

● 児童の実態（児童観）

　この時期の児童は自分の日々の生活だけでなく、更に広い視野で尊敬し感謝する対象に気付き、そのことに対してどう感じているのか、思いを深められるようになる。本時においては自分を支えてくれる人々や先人の存在に気付き、尊敬と感謝の念で応えることを考えさせたい。

3 教材について（教材観）

● 教材の概要

　食料に乏しかった十和田湖付近の地域の様子を見て、和井内貞行は湖に魚を繁殖させようとする。その魚により、地域の人たちの生活を豊かにしたいと願っていたのだ。貞行や妻の献身により、十和田湖には魚が住みつくようになる。妻が亡くなったとき、貞行は妻のために小さな社を建てる。その社は和井内神社と言われ、今も地域の人に大切にまつられている。

● 教材活用の視点

　私たちの生活を支えてくれる様々な人に尊敬や感謝の念をもつことについて、多面的・多角的に考えることができる教材である。貞行から妻への感謝、地域の人々から貞行と妻への感謝など、広く考えられる。また、現在の人々から、先人としての貞行と妻についても考えられる。

4 指導のポイント

　尊敬と感謝の念について、様々な人々や生活そのものまでに広げて考えるため、導入において感謝のイメージマップを作成する。その上で、自分はどのような人たちに、どのように支えられているのかについて考えさせ、学習に対する問題意識を高め、学習問題を設定する。作成したイメージマップは、自己を深く見つめる学習にも効果的に活用できる。

学習指導過程

	学習活動(主な発問と予想される反応)	指導上の留意点
導入	1　学習問題を設定する ○自分はどんな人に支えられていると思うか。 ・家族 ・地域の人 ・先生 ○その人たちに、何か応えていますか。 支えてくれる人々に対して、応えるにはどのような心が大切だろう。	・自分を中心とした感謝のイメージマップを書き、自分を支える人々に気付かせる。
展開	2　『和井内貞行』を読んで話し合う ○貞行は、どんな気持ちで十和田湖で魚を育て続けたのか。 ・村の人を助けたい。 ・妻に申し訳ない。 ・きっと成功させてみせる。 ○苦しい生活を支える妻は、どんな気持ちでいたのだろうか。 ・夫のために頑張ろう。 ・村の人も喜んでくれるだろう。 ・つらいが、がまんだ。 ◎湖がよく見わたせる大川岱に、奥さんのための社を建てた貞行は、どんなことを思っていたのか。 ・今まで辛い思いをさせてきた。申し訳ない。 ・妻がいるから、みんなを助けられた。ありがとう。 ・とても辛く、悲しい。 ○和井内神社を建て、今もお祭りを続ける村人は、和井内夫妻にどんな思いをもっているのか。 ・生活を支えてくれてありがとう。 ・ずっと感謝をしていきたい。 ・恩返しがしたかった。 3　感謝について、深く自己を見つめる ○自分を支えてくれる人に対して、誰に、どんな感謝をしたいと思うか。	・村のために一心に尽くす貞行や、貞行を献身的に支え続ける妻への自我関与を通して、人々の生活を支える人の存在やその素晴らしさ、大変さについて考える。 ・自分を支えてくれる人の思いを考えさせる。 ・貞行への自我関与を通して、自分を支えてくれる人に感謝の気持ちを表すことの大切さについての考えを深める。 ・自分の生活を支えてくれた先人への感謝についての考えを深める。 ・自分が行うべき感謝について、自己の生き方についての考えを深める。 ・導入のイメージマップを生かして考える。
終末	4　教師の説話を聞く	・生活そのものへの感謝などについて、教師の思いを伝える。

主として人との関わりに関すること

和井内貞行

板書計画

児童の考えを構造的に示し、多面的・多角的に考えるための板書構成

本時の「感謝」に関する問題を提示して、問題意識を高めるとともに、児童の考えを構造的に板書で示し、多面的・多角的に考える学習を促すような板書を構想する。

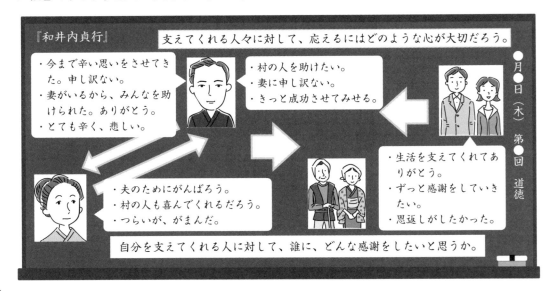

授業の実際

1　問題設定の実際

T　みなさんの周りには、多くの人がいて、みなさんのことを支えてくれていると思います。あなたを支えてくれる人には、どんな人がいますか。イメージマップに広げて、考えを書いてみましょう。
（ワークシートに記入）

T　みなさんが書いたワークシートを読むと、家族、友達、先生、近所の方々、習い事の先生などが多くありましたね。みなさんが書いた人たちは、みんな身近な人たちでした。身近ではない、あまり会えない人に支えられていることに気が付いた人はいますか。

C　給食の配膳員のAさんや用務主事のBさんは、私たちの学校生活を支えてくれています。

T　そうですね。AさんやBさんのおかげで、私たちの学校生活は不自由なく送ることができているのですね。他にもいそうです。

C　児童館のCさんには、ずっとお世話になっています。

T　そのような、地域や公共の場の方もいらっしゃいますね。

C　それなら、地域のご先祖様がいたから今の自分たちがいるので、ご先祖様も支えてくれていると思います。

T　なるほど、私たちは多くの人たちに支えられて、今を生きているのですね。
　今日は、この「自分たちを支える人」について考え、それに応えるためにはどのような心が大切なのか、みんなで考えましょう。

問題解決的な学習のポイント

学習問題の設定、追究、解決のプロセスを児童に示す。

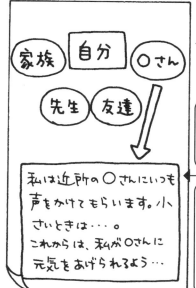

【学習問題の設定】
導入で自分を支えてくれる人々をイメージマップで考えていく。身近でない人々が出ない場合は、教師から投げかける。これらの人々へどう応えるかを考えさせ、問題意識を高めて学習問題を設定する。

【追究】
貞行、妻、村人、現在の人々など、様々な人の間にある尊敬と感謝の念を、多面的・多角的に考えることで、本時の解決に近付く問題追究を行う。

【解決】
児童一人一人が見いだした本時の解決をワークシートに記入し、自己の生き方についての考えを深める。

2　問題解決から個々の解決

T 貞行から妻への感謝、村人から2人への感謝、今を生きる人々から2人への感謝など、たくさんの感謝について考えることができましたね。授業の始めに書いたイメージマップを見ると、付け足したい人が、今や昔を越えて見付かった人もいるでしょう。その場合は、ワークシートに書き足しましょう。
　では、みなさんはあなたを支えている人々にどんな感謝をしたいと思いますか。ワークシートに書きましょう。
（ワークシートに記入）

T どんな人に、どのように応えたいと思いましたか。

C 近所のAさんはいつも私に声をかけてくれます。庭にできた柿をくれたり、小さいときは心配して声をかけてくれたりしてくれました。これからは私がAさんや近所の人たちに元気をあげられるように挨拶をすすんでしたり、困っていることがあったら手伝いたいと思います。

T そのようなつながりもすてきですね。Bさんはどうですか。

> ………… 評価のポイント …………
> 本時の指導の意図は児童が貞行や妻などに自我関与して、自分を支える人々に広く気付き、尊敬と感謝の念をもち、それへの応えについて考えることである。
> 感謝のイメージマップで、どのような人々について、どのように感謝を表そうとしているのかを、ワークシートの記述などから把握する。

和井内貞行

| 主　題 | | 内容項目 | 主として人との関わりに関すること |

礼儀正しくすることのよさ　B　礼儀

第6学年
気持ちと言葉

その他

出典　文部省「小学校　読み物資料とその利用『主として他の人とのかかわりに関すること』」

1　ねらい

相手に対して真心のこもった対応をすることのよさを自分との関わりで考えることを通して、相手の気持ちや立場を考えて、礼儀正しく真心をもって接していこうとする心情を育てる。

2　主題設定の理由（指導観）

● ねらいとする道徳的価値（価値観）

礼儀では、心と形が一体となって表れることが重要である。真心をもって礼儀正しい行為をすることによって、自分も相手も気持ちよく過ごせるようになること、人と人との結び付きがより深くなることに気付くことができるようにしたい。

● 児童の実態（児童観）

様々な人との関わりが増える中で、児童は場に応じた行動ができるようになってきている。一方で、恥ずかしさなどから行為として表れない場合もある。心を形にすることの大切さ、真心をもって礼儀正しくすることのよさについて、考えさせたい。

3　教材について（教材観）

● 教材の概要

1　スウェーデンの旅行中、自分が悪いにもかかわらず、「ソーリィ（すみません）」と声をかけてくれた観光客に、何も言葉を返せなかったことを後悔した話。
2　「道をたずねた人1000円。ただし、礼儀正しい人はタダ」と札を下げている花屋に、友達が道をたずねた。感謝を伝えると、主人は「わたしの方が礼を言いたい」と返してくれた話。
3　レストランで働く留学生が、水を差すごとに必ずお礼を言ってくれるお客との出会いを「日本にきて、いちばん、うれしいことです」と語る様子を見て、わたしが心を打たれた話。

● 教材活用の視点

1では、思いを形にすることの難しさ。2では、真心をもって接することで、自分も相手も気持ちよく過ごせるようになること。3では、一言の会話が人とのつながりを深くすること、3つのエピソードの特徴に合った視点で、真心のよさを考えさせたい。

4　指導のポイント

「礼儀正しくすることのよさは、何だろうか」を問題として、問題解決的な学習を展開する。導入で、礼儀に関する日常的な場面を想定し、自分だったらどうするかを考えさせる活動を行うことで、本時の問題を児童一人一人が自分事として考えられるようにする。

学習指導過程

	学習活動（主な発問と予想される反応）	指導上の留意点
導入	1　感謝を伝える必要のある場面で、自分はどのように行動するか考え、発表し合う ○自転車に乗って1人でいるとき、歩いていた人が道を譲ってくれたら、あなたはどうするか。 ・「ありがとうございます」と言う。 ・会釈だけして、通り過ぎる。 ・知らない人なら黙って行ってしまうかもしれない。 2　本時の問題を確認する	・児童が、本時の学習の問題について、自分事として捉えられるように、身近に起こりそうな場面を提示する。 ・全体での発言が難しい場合は、近くの人と話し合う時間を設ける。
	真心をもって礼儀正しくすることのよさとは何だろうか。	
展開	3　『気持ちと言葉』をもとに、問題解決を図る ○残されたエレベーターの中で、「ソーリィ」というやわらかくて美しいひびきを思い出しながら、わたしはどんなことを考えたか。 ・自分の方が悪いのに、あの人はすてきな人だな。 ・何か一言でも返せばよかった。 ○「今日は、気持ちのよい日だ。わたしの方が礼を言いたいくらいだ」と言われたとき、友達はどんな気持ちだったか。 ・こちらが礼儀正しくしたことで、喜んでくれてよかった。 ・自分も気持ちがよくなった。 ◎女性客を待つレストランの女の人の話を聞いて、わたしは何を思ったか。 ・ありがとうの一言で、人の気持ちは変わるのだな。 ・その女性客を見習いたい。 4　礼儀正しくすることのよさについて、自分を振り返りながら考える ○あなたが考える礼儀正しくすることのよさは、何だろうか。自分自身を振り返って考えよう。	・心に思ったことを形にすることの大切さや難しさなど、様々な視点から考えることができるように、相手に対する考え（憧れ）、自分に対する考え（後悔）に分けて板書する。 ・真心をもって接することで、自分も相手も気持ちよく過ごせることに気付けるように、1つの行動によって両者の気持ちがどう変わったか自分との関わりで考えられるようにする。 ・小さな感謝を伝える一言の会話が、人とのつながりを深くすることに気付くことができるように、女性客の様子や働く女の人の「日本にきて、いちばん、うれしいことです」という言葉を文や絵で提示する。 ・自分をじっくりと振り返ることができるように、考えや思いを書く時間を十分にとる。
終末	5　教師の説話を聞く	・学級の児童が、礼儀正しく行動していた様子を見て、とても気持ちがよかったときのことを話す。

板書計画

道徳的価値について多面的・多角的に考えを深める板書構成

礼儀正しくすることのよさについて、「自分の立場」「相手の立場」の双方が視覚的に分かるようにしていく。

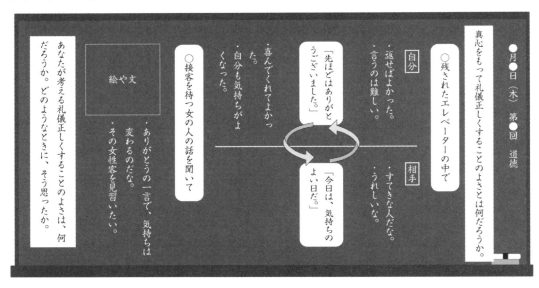

授業の実際

1　問題設定の実際

T　みなさんは、学校以外でも様々な地域の方、多くの人との関わりがありますね。では、自転車に乗って1人でいるとき、歩いていた方が道を譲ってくれたら、あなたはどうしますか。

C　譲ってくれたのだから、「ありがとうございます」と言います。

C　「ありがとう」とは言えなくても、礼をして通り過ぎると思います。

T　急いでいるときや、誰に対しても言えるでしょうか。

C　知らない人だと言うのが恥ずかしくて、黙って礼もしないで行ってしまうかもしれません。

C　友達が誰かいれば、一緒にお礼を言えることもあるけれど、1人だと少しとまどってしまうかもしれません。

T　確かに、1人だと、とっさに言葉が出てこないこともあるかもしれませんね。

「ありがとう」というたった一言なのに、言おうと思ってもなかなか言えないことがあります。けれど、心で思っているだけで、気持ちは通じるのでしょうか。ただ、「ありがとう」と言えば、それでいいのでしょうか。

今日は、挨拶や言葉遣いなど、礼儀正しくすることのよさについて考え、話し合っていきましょう。

（問題カードを提示）

> 真心をもって礼儀正しくすることのよさとは何だろうか。

『気持ちと言葉』というお話をもとにして、この問題を考えていきます。ありがとうと言えた人、言われた人の気持ちを想像しながら考えていきましょう。

問題解決的な学習のポイント

児童の多面的な考えを引き出す授業を展開していくため、以下の手立てを行う。

❷「礼儀正しくすることのよさは、何だろうか」という問題について、3つのエピソードや、それぞれの特徴に合った視点で発問することで、「心に思ったことを形にすることの大切さや難しさ」「真心をもって接することで、自分も相手も気持ちよく過ごせるようになること」「小さなことでも一言の会話が人とのつながりを深くすること」など、真心をもって礼儀正しくすることのよさについて多面的に考えられるようにする。

❸終末では、学級の児童の礼儀正しい振る舞いとそれを見た教師の気持ちについて語ることで、礼儀正しく真心をもって接していこうとする児童の前向きな気持ちを引き出すようにする。

❶児童が、本時の学習の問題について、自分事として捉えられるように、身近に起こりそうな場面を導入で提示する。

2　問題解決から個々のまとめ

T　女性客を待つレストランの女の人の話を聞いて、わたしは何を思ったでしょうか。
C　ありがとうの一言で、人の気持ちは変わるのだな。
C　その女性客を見習いたい。
T　そうですね。女性客は、ただ「ありがとう」という言葉だけ言ったのでしょうか。
C　顔を見て、ほほえみながら言いました。
T　ただ「ありがとう」というのと、顔を見てほほえみながら言うのと、どう違うと思いますか。
C　笑顔の方が、心がこもっている感じがします。
C　その方がもっと気持ちよくなると思います。
C　その話を聞いたわたしも、気持ちよさを感じたと思います。
T　今日は礼儀について、大切さや難しさ、自分や相手の思いなどについて考えてきました。では、今、あなたが考える礼儀正しくすることのよさは、何でしょうか。今日の学習やこれまでの自分のことを見つめ直しながら、自分なりの答えを書いてみましょう。

> ……… 評価のポイント ………
> 本時の指導の意図は、児童が礼儀正しくすることのよさや難しさについて多面的に考えることである。礼儀正しくできたとき、礼儀正しくされたとき、礼儀正しい行為を見たときなどの思いや考えを自分なりの答えとして表現したか、発問に対する発言や振り返りの内容をもとに、学習状況を把握する。

気持ちと言葉

主 題	内容項目	主として人との関わりに関すること
真の友情	B 友情、信頼	

第6学年
ロレンゾの友達

光村　日文
学研　廣あ
教出⑤

※⑤：第5学年掲載

出典 文部省「小学校　読み物資料とその利用『主として他の人とのかかわりに関すること』」

1　ねらい

友達と互いに信頼し、学び合い理解し合って友情を深め、助け合おうとする心情を育てる。

2　主題設定の理由（指導観）

● ねらいとする道徳的価値（価値観）

友達との間に信頼と切磋琢磨の精神をもつことが大切である。人はときに、逆境に立たされることがあり、そのようなとき、友達や仲間としていかにあるべきかを問われることとなる。そうしたときこそ、手を差し伸べ、友達や仲間として力を貸す大切さを感得するように指導したい。

● 児童の実態（児童観）

児童は、正しい理解をもとに、互いのよさを自覚し、学び合おうとする素直な心をもっている。一方で、思春期の入り口で自我が芽生えてきているため、自分の殻に閉じこもり、自分本位な行動をとってしまうこともある。真の友情とは、どうあるべきかを考えさせたい。

3　教材について（教材観）

● 教材の概要

ロレンゾとアンドレ、サバイユ、ニコライの4人の幼なじみの話である。ロレンゾから3人に「20年ぶりの再会を楽しみにしている」と手紙が来る。しかし、ロレンゾが会社の金を持ち逃げしたと聞いた3人は、どうしようか悩む。アンドレは「お金を持たせて黙って逃がしてやる」、サバイユは「自首をすすめ、本人が納得しないなら逃がしてやる」、ニコライは「自首をすすめ、だめでも警察に知らせる」と主張が違った。翌朝、町の警察署に呼ばれた3人は、ロレンゾと再会し警察の手違いだったと知る。4人は、大笑いしながら抱きしめ合い、再会を喜ぶ。

● 教材活用の視点

アンドレ、サバイユ、ニコライのそれぞれの考え方をもとに、「真の友情」について深く考えることができる教材である。どのように考え、行動することがよりよい友情を育んでいくのかを様々な観点から児童に考えさせたい。

4　指導のポイント

「道徳的行為に関する体験的な学習」として、役割演技に取り組む。アンドレ、サバイユ、ニコライの立場や行動の理由を考え、即興的に役割を演じることで、児童の中にある本音を引き出していく。

学習指導過程

	学習活動（主な発問と予想される反応）	指導上の留意点
導入	1　友達についてのイメージを発表し合う ○あなたにとって友達とは、どんな人ですか。 ・同じ趣味や好きなものが似ている人。 ・いつも一緒に遊んでくれる人。 ・励ましてくれる人。	・友情について意識を向けさせるために、事前にアンケートを取り、その結果を紹介する。
展開	2　教材『ロレンゾの友達』を読んで話し合う ○ロレンゾが警察に追われていると知ったとき、3人はどんな気持ちだったでしょうか。 ・何かの間違いだ。 ・そんなことするなんて信じられない。 ・困っているなら助けてあげたい。 ◎3人は、それぞれどんな思いで自分の意見を言ったのでしょうか。 〈アンドレ〉お金を持たせて、逃がす。 　・友達が捕まったら、かわいそうだから。 　・よっぽどのことがあったに違いないから。 〈サバイユ〉自首をすすめるが、納得しないときは逃がす。 　・自首した方がよいという自分の考えは伝えるが、だめなら、本人の思う通りにさせた方がよいから。 〈ニコライ〉自首をすすめ、納得しないときは警察に知らせる。 　・自分が捕まってしまうかもしれないから。 　・友達でも、罪を犯すことは悪いことだとはっきり言ってあげないといけないから。 ○3人の考えで共通しているのは、どんなことでしょう。 ・ロレンゾのことを1番に考えている。 ・ロレンゾのことを思いやっている。 3　話合いを通して考えたことをもとに自分自身を振り返り、「本当の友達」とは何かを考える ○「本当の友達」とは、どのようなことだと思いますか。今までの自分を振り返ってみましょう。 ・最後まで信じること。 ・だめなことはだめと言えること。	・ロレンゾの誠実な人柄を押さえる。 ・3人の考えを分かりやすく掲示し、3人の主張を明確にする。 ・3人それぞれの考え方の違いを自分事として考え理解させるために、役割演技を行い、役割交換もする。 ・アンドレ（赤色）、サバイユ（黄色）、ニコライ（青色）として、色札を使って自分の考えを表現できるようにする。 ・本当に相手の力になるとはどういうことかについても考えさせる。 ・3人の考えや対応は、異なるが、それぞれにロレンゾを真剣に思う気持ちがあることを押さえる。
終末	4　教師の説話を聞く	・教師自身の友情についての経験談を話す。

ロレンゾの友達

板書計画

多面的な考え方を明示した板書構成

3人それぞれの主張を分かりやすくするため、色札を使って板書していく。

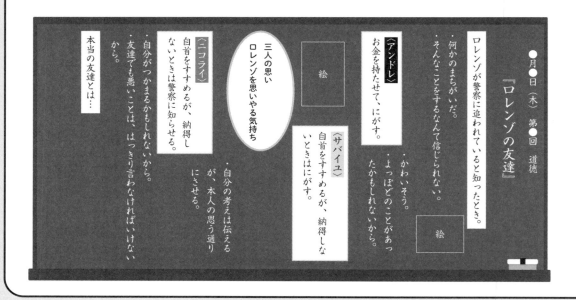

授業の実際

1 授業の中の特徴的な部分（役割演技後）

T アンドレ、サバイユ、ニコライの3人は、それぞれどんな思いで意見を言ったのでしょう。

C アンドレは、友達が間違ったことをしても許してあげたいという思いです。友達だからそうします。

C サバイユは、法律があるのだから、罪を認めなければいけないという思いです。ただ、ロレンゾが認めないなら、無理に警察に捕まるようなことは、させません。

C ニコライは、罪は罪で、その罪を償って生きていく必要があると思っていました。人生は長いから、罪を償う時間もあります。そして、警察から出てきたら、また仲よく友情を育んでいけばよいと思います。

T それでは自分に近い考えの色札をあげてみましょう。

（児童がそれぞれの色札を出す）

T 様々な考えがあるようです。こう考えなければいけない、これが正しいということはありあせん。それでは、3人の考えで共通しているのは、どんなことですか

C 友達を助けようとする思い。

C ロレンゾを思いやる気持ち。

C よりよい友達関係の捉え方。

T 3人ともロレンゾを信じて、ロレンゾのことを真剣に思う気持ちは、一緒ですね。

T 今日は友情について話し合いました。話合いを通して考えたことをもとに、「本当の友達」とは、どのようなことだと思いますか。

体験的な学習のポイント

それぞれの立場を明確にした役割演技を通して、友情について考える。

　役割演技は、自分が特定の役割になって演技したり、役割交代をすることにより、他人の立場を理解すると同時に、自分の立場を自覚して自らを律したり、仲間との相互理解や信頼感を深めたりするための効果的な指導方法である。
　その方法としては、指導者が演者を指名して演じさせる方法、隣の児童同士でペアを組ませて演じさせる方法、全員に登場人物になりきらせて演じさせる方法、指導者と演者とが対話しながら気持ちを引き出す方法などが考えられる。クラスの実態によって選択する。
　また、お面をかぶったり、首飾りのようにしたりすると、より登場人物に自我関与させることができるとともに、役割交換したときも、演者や見ている人に分かりやすいというメリットがある。

2　体験的な学習（役割演技）

T　アンドレ、サバイユ、ニコライの3人になりきって、かしの木の下の話合いの続きをしましょう。

C　（アンドレ役）ロレンゾのことを信じているならば逃がしてあげるべきだ。

C　（サバイユ役）ぼくも逃がしてあげることには賛成する。でもロレンゾのためにも、自首をした方がいいと思う。

C　（ニコライ役）自首をすすめるのはいいと思うが、ロレンゾ本人が嫌がっても、警察に知らせた方がよい。罪をきちんと罪として認めた方が、ロレンゾの将来のためになる。

C　（サバイユ役）本人の意志が大切だと思う。無理に警察に通報しなくてもよいのではないか。

C　（アンドレ役）警察に連れて行くのは友達とは言えない。かわいそう、裏切りだ。ロレンゾを信じて、待ってあげたい。

C　（ニコライ役）ロレンゾのことを信じているからこそ、警察に一緒に行く。いくら友達でも、やってよいことと悪いことがある。ロレンゾのこれからのことを考えれば、警察に行くことが一番よいはずだ。

……… 評価のポイント ………

　教材に登場する人物になりきって言動を即興的に演技していたかがポイントである。三者三様の主張なので、どれが正しいということはない。役を演じているときの表情やしぐさ、言葉遣いなどから評価する。場合によってはビデオで録画したり、ICレコーダーで録音すると、大勢の児童の演技を見取ることができる。

ロレンゾの友達

主　題	内容項目	主として人との関わりに関すること
広い心で接する態度	B　相互理解、寛容	

第6学年
ブランコ乗りとピエロ

教出　日文　光文
学研　廣あ
学図⑤　光村⑤
※⑤：第5学年掲載

出典　文部科学省「私たちの道徳　小学校5・6年」
文部省「小学校　読み物資料とその利用『主として他の人とのかかわりに関すること』」

1　ねらい

　自分と相手との見方や考え方に相違があっても、相手の立場に立ち、謙虚に受け止め、広い心で自分と異なる意見や立場を尊重しようとする態度を育てる。

2　主題設定の理由（指導観）

● ねらいとする道徳的価値（価値観）

　自分とは異なる意見や立場を尊重し、広い心で受け止めることで、広がりと深まりのある人間関係を築ける。多様さを相互に理解し、相手から学ぶ姿勢をもつ態度について考えを深め、いじめを生まない雰囲気や環境を醸成したい。

● 児童の実態（児童観）

　この時期の児童は、自分と考え方の違う相手を遠ざける傾向がある。自分と相手の意見に相違が生じたとき、相手の意見を素直に聞き、相手の立場に立って考える態度を育てたい。自分のことを謙虚に振り返り、寛容に受け止める姿勢が大切である。

3　教材について（教材観）

● 教材の概要

　ある日、大王アレキスがサーカスを見に来ることになった。そこでブランコ乗りのサムは、持ち時間を超えて演技を続けた。リーダーのピエロはそのことに腹を立てたが、演技の終わったサムの疲れ果てた姿を見て、サムの行動を謙虚に広い心で受け止めたのである。そのピエロの言葉を受け、サムは自分だけがスターだと思っていた過ちに気付くことができた。その後、2人が共演するようになり、サーカスも大盛況に終わった。

● 教材活用の視点

　まずピエロに自我関与することで、相手の過ちに対して、自分自身を省みて謙虚に受け止める寛容さに気付かせる。次にサムがどのように受け止めたか考えさせ、その後の展開から、よりよいものを築いていくためには、お互いを理解し合う態度が必要であることを考えさせる。

4　指導のポイント

　団員、ピエロ、サムと視点を変えながら多面的に自我関与することで、相手の考え方を謙虚に受け止め理解し合うことが、よりよい人間関係を築くことにつながることに気付かせたい。また、自分に置き換え、相手に意見の相違が見られたときに、どのように受け止め、態度に示すのか考えさせる。

学習指導過程

	学習活動（主な発問と予想される反応）	指導上の留意点
導入	1 サーカスについて知っていることを確認し、教材のイメージをつかむ ○サーカスについて知っていることはありますか。 ・いろいろな演技があり、中には危険な技もある。 ・たくさんの練習を積み重ねている。	・サーカスについて、実際に見たことのある児童は少ない。サーカスの動画などを見せ、それぞれが厳しい練習を積み重ねて演じていることに触れ、教材への導入とする。
展開	2 『ブランコ乗りとピエロ』を読み、登場人物の気持ちに自我関与し、相互理解について多面的に考える ○団員たちはサムとピエロに対して、どのような気持ちを抱いて口を閉ざしていたのだろうか。 ・勝手なことをしたサムへの怒り。 ・持ち時間を奪われたピエロへの同情。 ・自分も目立ちたかったという嫉妬心。 ◎ピエロはどんな思いでサムを許したのだろうか。 ・サムが疲れ果てている姿を見て、観客のために頑張るサムの強い意志に気付いた。 ・サムに自分だけがスターではないことに気付いてもらいたかった。 ○サムはピエロからどんなことを学んだのだろうか。 ・自分だけがスターだと思うのではなく、同じサーカス団の仲間として、お互いを認め合うこと。 ・自分のとった身勝手な行動を認める寛容さ。 3 自分自身を振り返って考える ○相手と意見の相違があったとき、どのような態度で接してきただろうか。 ・相手の考えをしっかり聞いた上で、自分の考えを伝えた。 ・自分の言動や相手の考えを客観的に捉えて、認め合った。	・団員たちやピエロ、サムの思いに自我関与し、自己を見つめ、多面的・多角的に考える。 ・団員たちの思いから、ピエロが感じていた怒りも同じ思いであったことを押さえる。 ・ピエロに自我関与して、異なる立場や考え方を受け入れるときの思いを考えさせる。 ・サムの立場に立って考え、ピエロの寛容さに教えられた相互理解の大切さに気付かせる。 ・相手から学び、寛容に受け止めることで、よりよいものをつくり上げることができたことを押さえ、相互理解の大切さに気付かせ、自分自身を振り返らせる。
終末	4 教師の説話	・教師自身が、相手との意見の違いをどのような考えで乗り越え、どう対応したのかについて経験談を話す。

主として人との関わりに関すること

ブランコ乗りとピエロ

板書計画

相互理解のよさや難しさを分かりやすく示した板書構成

ピエロを中心とした板書にすることで、ピエロのリーダーとしての役割や相互理解の大切さに気付かせる。また、相互理解のよさや難しさが分かりやすい板書構成を心がける。

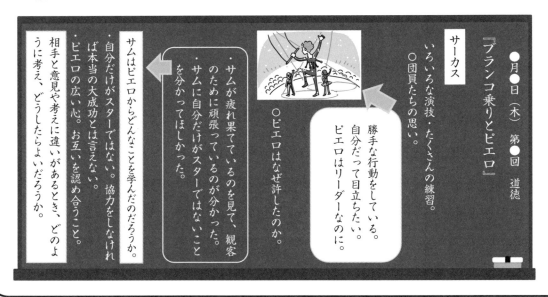

授業の実際

1 中心的な発問での話合い

T サーカスはそれぞれ厳しい練習を積んできて、演技をしているのですね。
（導入での押さえ）

T では、そんな団員たちは、どのような思いから口を閉ざしていたのでしょうか。

C サムに対して、身勝手だと思って怒っていた。

C ピエロがリーダーだし、自分ばっかり目立とうとするのはおかしい。

C 自分だって練習してきたのに、サムばかり目立ってずるい。

T ピエロだって、サムの演技を見ているときには、その身勝手さに腹を立てていたのですよね。それなのに、どんな思いでサムを許したのでしょうか。

C 疲れた様子を見て、そこまで頑張っていたのかと気が付いたからです。

C 疲れ果てるほどお客さんや大王のために、一生懸命に演じていたからです。

C サムに怒っても分かってもらえないと思ったのではないですか。

T 何を分かってもらいたかったのですか。

C 自分だけがスターじゃないってことです。

T なるほど。許すことで気が付いてほしかったのですね。では、そんなピエロから、サムはどんなことを学んだのでしょう。

C 自分だけが目立つのではなく、協力し合わなければ本当の大成功とは言えないということです。

C サーカスはみんなですることで、それぞれが観客のために頑張っていることに気が付いたのだと思います。

C お互いを認め合う気持ちです。

自我関与を深める学習のポイント

異なる登場人物に自我関与し多面的に考えるため、以下のイメージをもって授業を進めていく。

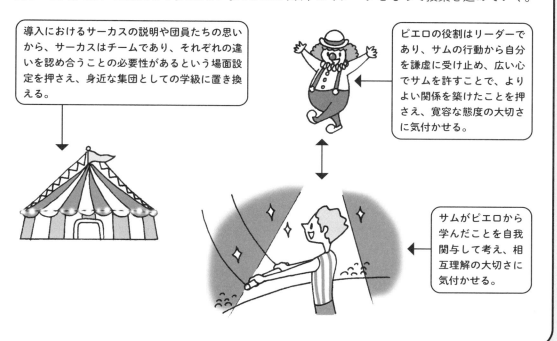

- 導入におけるサーカスの説明や団員たちの思いから、サーカスはチームであり、それぞれの違いを認め合うことの必要性があるという場面設定を押さえ、身近な集団としての学級に置き換える。
- ピエロの役割はリーダーであり、サムの行動から自分を謙虚に受け止め、広い心でサムを許すことで、よりよい関係を築けたことを押さえ、寛容な態度の大切さに気付かせる。
- サムがピエロから学んだことを自我関与して考え、相互理解の大切さに気付かせる。

2　自己を見つめる学習

T　そんなことを理解し合えて、ピエロとサムは共演するようになったのですね。
（相互理解の大切さを押さえる）

T　では、自分が相手と意見が食い違ったとき、どのように考えていたでしょうか。
（ワークシート例：考えと態度に分ける）

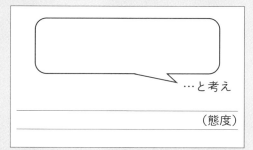

…と考え

（態度）

C　相手の考えを認めて、もし自分が間違えていたら、きちんとあやまっていた。
C　違いを客観的に見て、そんな考えもあるのかと、相手のことを冷静に受け止めた。

C　どうしてそう考えるのか、相手の立場に立って考えてみた。それから相手の話をしっかり聞き、自分の考えを伝えて、話し合って、どうしたらいいか決めた。
T　お互いの立場を考え、よりよい関係を築きたいですね。

······ 評価のポイント ······

本時の指導の意図は、児童が登場人物の思いに多面的に自我関与し、寛容な態度のよさについて考えを深めることである。広い心で接する態度の大切さについて、自己の考えを深めたか、話合いの様子や発言、ワークシートの記述から把握する。

主として人との関わりに関すること

ブランコ乗りとピエロ

| 主題 | きまりはみんなのために | 内容項目 | 主として集団や社会との関わりに関すること　C　規則の尊重 |

第6学年
星野君の二るい打

出典 文部省「小学校　道徳の指導資料第1集（第5学年）」

1　ねらい

法やきまりの意義を理解した上で、進んでそれらを守ろうとする態度を育てる。

2　主題設定の理由（指導観）

● **ねらいとする道徳的価値（価値観）**

集団において、よりよい人間関係を形成するためには、集団全体や他者の思いを大切にすることが重要である。きまりを守ることは、他者のことを大切にすることであり、それがよりよい集団社会の人間関係形成につながることを考えさせたい。

● **児童の実態（児童観）**

児童は、きまりを守るべきものであると捉えている。しかし、自分の思いを優先させるあまり、きまりを守ることができないことがあり、それが他者に影響してしまうこともある。そこで、きまりを守る上で大切な思いを考えさせたい。

3　教材について（教材観）

● **教材の概要**

本教材は少年野球の話である。同点で迎えた7回、ランナー1塁で星野に打席が回ってくる。星野は監督にバントを命じられるが、この試合未だノーヒットだった星野は名誉を回復したいという思いもあり、すぐに返事をすることができずにいた。星野は打席に入ると、バントの命令に従わずツーベースを打つ。試合には勝利したものの、翌日、星野は監督に「結果がよかったからといって、規則を乱したことに変わりはない」と厳しい言葉を受けることとなった。

● **教材活用の視点**

結果の良し悪しに捉われず、約束やきまりを守ることの大切さについて、学級全体で追究していく。監督の命令には従わなくてはならないと分かっていても、自分の思いのままに行動してしまった星野に自我関与させて、きまりを守る上で大切な思いを考えられるようにしたい。

4　指導のポイント

きまりを守るべきものであると多くの児童は捉えているが、きまりを守ることのできない実態がある。そこで、「きまりを守るためには、どのような思いが大切なのだろうか」と問い、問題解決的な学習を展開する。きまりの大切さについて分かっていても、自分の思いのままに行動してしまった星野に自我関与させて、価値理解を図る。

学習指導過程

	学習活動（主な発問と予想される反応）	指導上の留意点
導入	1　きまりを守ることについて考える ○きまりを守ることは大切だと思いますか。また、きまりを破っている人を見たことがありますか。 ・きまりを守ることは大切だ。でも、守れてない人もいる。自分も守れないことがある。	・きまりを守ることは大切だと分かっていても、守ることができないことがあることに気付かせる。
	きまりを守るためには、どのような考えや思いが大切なのだろうか。	
展開	2　『星野君の二るい打』をもとに、問題解決を図る ○監督にバントを命じられた星野君は、どんな気持ちだっただろう。 ・打って名誉を回復したい。ヒーローになりたい。 ・監督の命令には従わなくてはならない。 ○バッターボックスへ入った後、星野君はどんなことを考えていただろう。 ・自分の好きな球だ！　打てそうだから打ってしまおう。 ・ランナーの岩田を僕が返したい。（自分本位の考え） ◎監督の話を聞いて、うつむいていたままの星野君はどんなことを考えていただろう。 ・僕のふるまいは自分勝手な行動だった。自分勝手な行動はみんなの迷惑になってしまう。 ・野球はチームスポーツなんだ。１人でやるのじゃなくて、みんなでやるもの。その中で約束やきまりを守ることは大切だった。（全体のことを大切にする思い） 3　全体のことを考えて行動できたとき、または自分本位の考えに陥ってしまったときの思いを振り返る ○みんなのことを考えて行動できたとき、または自分本位に考えて行動してしまったときはどんな気持ちだっただろう。	・きまりを守るために大切な思いを考えるために、星野君に自我関与することができるようにする。 ・きまりを理解しているが、自分の思い通りにいかず葛藤している思いを自分事として考えさせる。 ・自分の思いが優先されてしまい、周りのことを考えられず、きまりが守れなくなっている思いを自分事として考えさせる。 ・前の発問の場面での気持ちと対比させ、みんなで何かを行う際は、約束やきまりを守ることが大切であることを自分事として考えさせる。 ・学習問題を確認し、きまりを守るためには、全体のことを考える思いが大切であることを考えさせる。
終末	4　教師の説話を聞く	・教師が全体のことを考えてきまりを守ることができた経験談を話す。

主として集団や社会との関わりに関すること

星野君の二るい打

板書計画

心情を対比させ、価値理解を図る板書構成

きまりに対する心情を対比的に板書することで、ねらいとする道徳的価値の理解を深めることのできる板書を構想する。

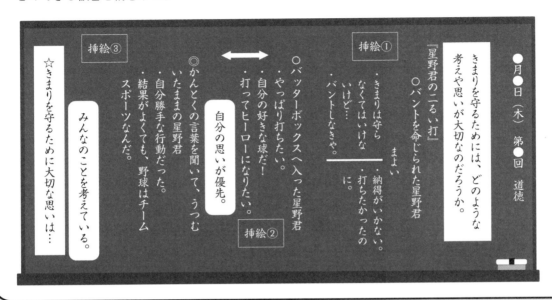

授業の実際

1　導入場面での実際

T　この前、みんなにきまりについてのアンケートを取りましたね。「きまりを守ることは大切であると思うか」という問いに対しては、全員が「そう思う」と答えていました。では、「きまりを守れていない人を見たことがありますか」という問いの答えはどうだったと思いますか。

C　そう言われると、僕も守れていないときがあるかも…。

T　結果は、8割の人が「きまりを守れていない人を見たことがある」と答えました。大切だと分かっていても、なかなかきまりを守れないという現実があるのですね。それでは、「きまりを守るためには、どのような考えや思いが大切なのだろうか」を、みんなで考えていきましょう。

2　中心発問場面での実際

T　監督の言葉を聞いてうつむいたままの星野君は、どんなことを考えていたかな。

C　全て納得しているわけではないかもしれないけど、やっぱりきまりを破ったことがいけなかったと思いました。

T　どうしてきまり破ったことがいけないと思ったのだろう。

C　監督に怒られるから。

C　チームスポーツだから。

T　チームスポーツだからきまりを破ったらいけないってどういうことかな。

C　みんなでやっているのだから、いくら結果がよくても自分勝手に行動したらだめだと思う。

C　みんなが星野君みたいに行動していたらチームスポーツは成り立たない。

問題解決的な学習のポイント

きまりの大切さについて分かっていても自分の思いのままに行動した主人公に自我関与して、問題を解決していくため、以下のポイントに留意する。

ポイント①
きまりを守れていないときは、自分本位の考えが優先されていること、全体のことを考えていくときまりの大切さを実感できると考え、発問を構成していく。

ポイント②
児童の経験を想起させることで、問題を自分事として捉えることができるようにする。

ポイント③
きまりの大切さは理解しているが、守ることができないこともある児童の実態から、きまりを守る根底にあるものを考えさせるため、問題を提示する。

3　問題解決から個々のまとめ

T　（展開前段を終えて）『星野君の二るい打』を通して、きまりを守るためには、どのような思いが大切だと思いましたか。

C　自分の思いばかり考えるのではなく、チームやみんなのことを考えていくことが大切だと思いました。

C　「自分だけはいいかな」って思うときもあるけど、それをみんながやると、すごく周りに迷惑になってしまう。だから、きまりを守ることでみんなが気持ちよく過ごせるようになると思います。

C　監督は少し厳しすぎるかな、と思うけど、星野君のために厳しいことを言ったのだと思う。結果がよければオッケーじゃなくて、守らなくてはいけない約束やきまりがあるんだと思う。

T　みんなのことを頭に入れて行動していくことが、きまりを守ることにつながっていくのですね。
　では、今日の学習を通して、みんなのことを考え、きまりを守ることができたとき、反対に自分の思いが優先されてしまい、きまりを破ってしまったときのことを振り返ってみましょう。

---------- 評価のポイント ----------
本時の指導の意図は、主人公に自我関与して、きまりを守ることの大切さを理解し、他者の思いを考えて行動しようとする思いを考えることである。発問での発言や、自分事として考えている後段での学習状況などから把握する。

星野君の二るい打

主題	内容項目	主として集団や社会との関わりに関すること
公平な態度で	C 公正、公平、社会正義	

第6学年
ぼくは後悔しない

その他

出典 文部省「小学校　道徳の指導資料第3集（第6学年）」

1 ねらい

誰に対しても、公正、公平な態度で接し、正義の実現に努めようとする態度を育てる。

2 主題設定の理由（指導観）

● ねらいとする道徳的価値（価値観）

社会正義の実現のためには、誰に対しても、公正、公平な態度で接しようとする心をもつことが大切である。そのような心をしっかりともち、不正を見付けたときには、周囲の雰囲気に流されずに正そうとする心をもてるように指導したい。

● 児童の実態（児童観）

公正、公平な態度で接することの大切さに気付き、接しようとする様子が見られる一方で、利害得失に関わる状況では、つい、自分や友達のことを優先しようとする態度も見られる。公正、公平、社会正義を実現しようとする上で大切な思いを考えさせたい。

3 教材について（教材観）

● 教材の概要

三郎と正夫は気が合う仲のよい友達である。正夫は、体が大きく、運動が万能で、さっぱりした性格であるが、学級のボールをいつも決まった人たちだけで持って行ってしまう。学級会運営委員の1人である三郎は、学級のボールの使い方について議題にするかどうか迷うが、みんなのために議題として取り上げることを決心する。学級会が終わった後で、正夫から抗議をされるが、三郎はみんなのために解決しなければならない問題であったことをはっきりと話す。

● 教材活用の視点

自分の利害得失に関わる状況において、公正、公平な態度で接するときの考え方、感じ方を問題として、児童に学習問題を設定させる。自分の利害得失にかかわらず、社会正義を実現しようとするときの思いについて考えさせるために、三郎に自我関与させて、誰に対しても分け隔てなく接したときの考えを類推させるようにしたい。

4 指導のポイント

誰に対しても、公正、公平な態度で接し、正義の実現に努めようとする態度を支えている多様な考え方や感じ方を学習問題として、問題解決的な学習を構想する。本時では、導入段階で問題設定を行い、展開段階で教材を活用し、話合いを通して問題の追究を行う。また、自分自身を振り返る学習を行う際に、児童一人一人が問題解決できるようにさせる。

学習指導過程

	学習活動（主な発問と予想される反応）	指導上の留意点
導入	1　アンケートの結果から学習問題を設定する ○アンケート結果を見る。 ・学校など社会の中で正義を貫くことは大切か。 ・不公平な扱い等をされて困ったことはあるか。	・道徳的価値が大切なものだと理解していても、実現するのは難しいことを想起させる。
	公正、公平を貫くには、どのような考えや思いが大切なのだろうか。	
展開	2　『ぼくは後悔しない』をもとに、問題解決を図る ※三郎の考えや思いを想像してみよう。 ○学級のボールのことで、困っている人がいることを知った三郎はどんな気持ちか。 ・みんなが使うボールなのにずるい。 ・みんなが困っている。 ・公平に使うべきだ。 ◎三郎がボールの使い方を学級会の議題にしようか迷ったのは、どんなことを考えたからか。 ・正夫君に嫌われるかな。 ・周りにどう思われるだろう。 ・正しいことはしなければいけない。 ・みんなのためにしよう。 ○正夫の顔を見て、一気に話し終えた三郎は、どんな気持ちだったか。 ・間違っているのは、ぼくじゃない。 ・正しいことをした。 ・逃げてはいけない。 3　正しいことをするために、分け隔てをせずに接したときの考え方や感じ方を振り返る ○誰にでも分け隔てをしないで接していたのは、どんな考えからか。	・不公平があることを知ったときの気持ちを類推させる。 ・社会正義を実現しようとするときの思いを考えさせるために、三郎に自我関与させて考えさせる。 ・つい分け隔てをしてしまうときの考え方と、社会正義を実現しようとするときの考え方を分類して板書する。 ・利害得失にかかわらず、社会正義を貫いたときの感じ方を類推させる。 ・ワークシートに書く。
終末	4　教師の説話を聞く	・社会正義を実現させることの難しさとともに、公正、公平にできたときのよさについて話す。

板書計画
自我関与を通して問題解決を図る板書構成

正義の実現に関わる問題を板書の中央に明示し、教材を活用して、自分との関わりで考える学習を促すように構成する。

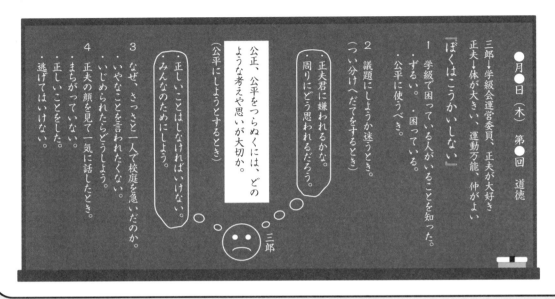

授業の実際

1 問題設定の実際

T 前に、公平と不公平に関するアンケートをとりましたね。その結果を見てみましょう。

※大型テレビ等にタイミングよく結果を提示し、自分事として捉えさせる。

C 「学校など社会の中で正義を貫くことは大切」と答えている人は、40人中40人だ。

C でも、「不公平な扱い等をされて困ったことがある人」は、60％もいるね。

T 正しいことをすることは大切だとみんな分かっているのに、不公平など、正しくないことが起きてしまうのですね。

C なんでだろう。

T なぜだと思いますか。

C 「少しくらいいいかな」という気持ちがあるのかな。

C 正しいと思うことをしたいけど、できないときもあるんじゃないかな。

T 周りの目とか。

C そうそう。

C まだ、ありそうだな。

T 正しいと思ったことをみんなができればいいのにね。では、今日は、このことを考えてみましょう。

> 公正、公平を貫くには、どのような考えや思いが大切なのだろうか。

それでは、今日は『ぼくは後悔しない』という教材を使って、この問題を考えてみましょう。主人公は、みなさんと同じ年の三郎さんです。三郎さんが、正しいことを貫こうとするとき、どんなことを考えたり、感じたりしたのかをみんなで考えていきましょう。
（教材提示）

問題解決的な学習のポイント

導入段階で、児童に問題意識をもたせるため、アンケート等を活用していく。

これまでの道徳教育の成果と課題から児童の実態を振り返り、考えさせたいことを本時のねらいとして設定した。アンケートは、授業者が1時間の授業で、児童に考えさせたいことをもとに意図的に作成した。

児童全員が、自分事として問題を捉えられるように、大型テレビにアンケートの結果を投影した。問題設定は児童との話合いによって進めるが、授業者のねらいに沿って設定することが大切である。

「正しいことを貫くには、どのような考えや思いが大切なのだろうか」という問題について、社会正義の実現は決して容易ではないが、不正な行為は絶対に行わない、許さないという断固たる考え方や感じ方を導き、これをもとに、自分自身で問題の解決を図れるようにした。

2　自分自身の解決を図る際

（中心的な発問を終えて）
T　正しいことをしようとするときにも、様々な迷いはあるのですね。せっかく、みんなのために議題に取り上げて、ボールを公平に使えるようになったのに、なぜ、三郎さんはさっさと1人で校庭を急いだのでしょうね。
C　いやなことを言われたくないな。
C　いじめられたらどうしようと心配になったんじゃないかな。
T　正しいと分かっていても、実行するのは大変なのですね。しかし、三郎さんは、最後に正夫さんの顔を見て、自分の考えを一気に話しました。話し終えた後、三郎さんはどんな気持ちだったでしょう。
C　ぼくはまちがっていない。
C　正しいことをしたんだ。胸を張っていい。

C　正しいことから逃げてはいけない。
T　正しいことを貫くには、様々な問題から目を背けずに、自分の考えをしっかりともって向き合うことが大切なのですね。
　それでは、自分のことを振り返って、これまで誰にでも分け隔てをしないで接していたのは、どんな考えからだったかワークシートに書いてみましょう。

---------- 評価のポイント ----------
　本時の学習の意図は、児童が登場人物に自我関与して、社会正義を実現しようとするときの思いを考えることである。
　正しいことをするために、分け隔てをせずに接したときの考え方や感じ方を記した児童のワークシートから把握する。

主として集団や社会との関わりに関すること

A
B
C
D

ぼくは後悔しない

主 題	内容項目	主として集団や社会との関わりに関すること
働くことの意義	C 勤労、公共の精神	

第6学年
母の仕事

日文
光文⑤
※⑤：第5学年掲載

出典　文部省「小学校　道徳の指導資料とその利用5」

1　ねらい

　働くことや社会に奉仕することの充実感を味わうとともに、その意義を理解し、公共のために役立ちたいとする態度を育てる。

2　主題設定の理由（指導観）

● ねらいとする道徳的価値（価値観）

　仕事に対しての誇りや喜び、社会に奉仕することへの充実感を考えることを通して、働くことの意義を自覚し、進んで公共のために役立とうとする心を高め、将来の自分にも生かしていこうとする心を育てる。

● 児童の実態（児童観）

　キャリア教育や社会福祉を学んできたこの時期には、公共のために働くことのよさについての意識が芽生えてきている。このような実態から、本時では勤労に関わる授業を「深める」ことを意図して行う。

3　教材について（教材観）

● 教材の概要

　お母さんは、看護師で移動入浴サービスの仕事をしている。ある日、腰が痛いので、ひろ子に腰をもんでもらうように頼む。母の体を心配して、仕事をやめるように言うひろ子に、母は自分がしている仕事の話をする。チームで力を合わせて働いていること。母が来ることを心待ちにしているお年寄りや体の不自由な方々のこと。涙をいっぱい浮かべて泣いて喜んでくれる方々。ひろ子は、微笑みながら話すその母の顔に、大きな喜びとやりがい、満足感があふれているのを感じた。

● 教材活用の視点

　勤労観について、学級全体で話し合っていく。児童をひろ子に自我関与させて、仕事に対する誇りや喜びについて考えを深めさせ、進んで公共のために働いていこうとする思いを考えられるようにしたい。

4　指導のポイント

　母の話をもとに勤労観を考えていくことから、登場人物の自我関与による学習を展開する。そして、自己への振り返りにおいて、自身の心の高まりや、自分の親のことを想起しながら、本時の道徳的価値観を高めていく。

学習指導過程

	学習活動（主な発問と予想される反応）	指導上の留意点
導入	1　仕事について考える ○仕事は、何のためにするのでしょうか。 ・生活をするため。 ・自分の夢をかなえるため。 ・人や世の中の役に立つため。	・現在時点での児童の勤労観について確認する。
展開	2　『母の仕事』をもとに、話し合う ○腰の痛いお母さんを見ながら、私はどのような気持ちだったでしょう。 ・なぜ、そこまでするの。 ・無理をしないでほしい。 ・少しは休んでほしい。 ・もう少し体の楽な仕事に変えたらどう。 ・疲れた体を癒して、楽にさせてあげたい。 ○お年寄りの人たちは、お母さんが来るのをどのような気持ちで待っていたのでしょう。 ・待ち遠しい。 ・早く来てくれないかな。 ・自分の身内でもないのに、ここまでしてくれて。 ・感謝の気持ちでいっぱい。ありがたい。 ◎微笑みながら話すお母さんを見て、私はどのようなことを考えたでしょう。 ・人に尽くそうとするお母さんを尊敬する。 ・人のために働くということは、やりがいがある。 ・お母さんのような人になりたい。 ・実はお年寄りにも支えられているんだ。 3　自分自身の考えや思いを振り返る ○このお話を通して、働くことについて学んだこと考えたことは、どのようなことですか。自分自身を振り返って考えてみましょう。 ・責任感をもって取り組むことが大切である。 ・係や委員会の仕事、家の仕事を頑張りたい。 ・自分の仕事をしっかりとやることが将来につながる。 ・人の役に立つように一生懸命働きたい。	・教材を用いて、読み聞かせを行う。 ・仕事で疲れている母を心配する私（ひろ子）の気持ちを自分事として考えられるようにする。 ・お母さんの仕事先の人たちの思いを考えさせることによって、働くことと自分と社会との関わりについて考えを深めさせる。 ・母の仕事に対する思いの背景にあるものを、私との関わりで考えさせ、勤労についての考え方を深めさせたい。 ・自分の生活経験に基づきながら、ワークシートに自分の考えをまとめさせる。
終末	4　教師の説話を聞く	・教師自身が仕事のやりがいを感じたことについて経験談を話す。

母の仕事

板書計画

いつでも学習過程を振り返ることができる板書構成

話合いの過程を板書により明確にし、児童が視覚から多面的・多角的に考えることのできる板書構成を行っていく。

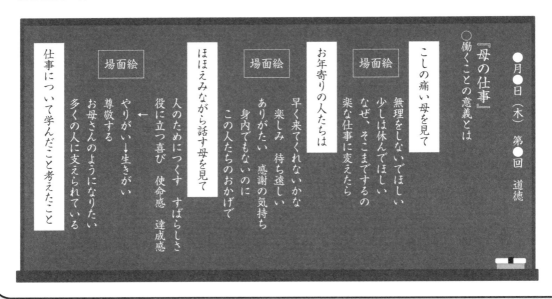

授業の実際

1 中心的な発問での話合い

T 微笑みながら話すお母さんを見て、私はどのようなことを考えたでしょう。
C お年寄りのために頑張っているから、尊敬できる。
C お母さんが大変な思いをしているから、そんな姿を見て最初は嫌だったけど、お母さんがやりがいを感じて頑張っているので応援したい。
C 自分のことよりも、人のことを大切にしている。
C お母さんにとって、その仕事はやりがいがある。生きがいでもある。
C お母さんが人のために頑張っている。私の自慢のお母さんだ。
C 疲れて帰ってきても、しっかりと家事もやっていて、将来は、そんなお母さんのようになりたい。
C お年寄りの人は、お母さんのこの仕事で支えられて、お母さんは、その仕事をした分のお年寄りの人の笑顔に支えられているから、この仕事をずっと続けていられるんだなぁ。
C お母さんの仕事は大変だけど、多くの人たちのためになっている。自分も、頑張っているお母さんの腰をもんだり、家のことを手伝ったりして貢献したい。
T なるほど、多くの考えが出てきたね。働くということは、どういうことかな。
C やりがい、生きがい。
C 人のために尽くすこと。
C 世の中のためになること。
C 支え合い。 C 達成感、喜び。
T このお話を通して、働くことについて学んだこと、考えたことはどのようなことですか。自分自身を振り返って、考えてみましょう。

読み物教材活用のポイント

働くことの意義について考えを深めるために、以下の工夫をしていく。

> **ポイント①**
> 教材提示の前に、「働くことの意義」について考えていくことを提示することで、問題となる論点が明確になるようにする。

> **ポイント②**
> 仕事で疲れている母を心配するひろ子の気持ちを自分事として考えた後、母の仕事先の人たちの思いを考えさせることによって、仕事を通しての自分と社会との関わりについて考えが生まれ、働くことの意義について、より考えを深めていくことができるようにする。

> **ポイント③**
> 教材を通して、道徳的価値について考えたことをもとに、自己への振り返りをする際に、ワークシートに「働くということへの思い」を記述させ、勤労や公共の精神について自己の考えを深めていく。

2 児童の自分自身の振り返り

・私は、このお話を通して、働くことの大切さが分かりました。仕事は、責任をもって成し遂げなければいけないものであり、自分勝手な理由で、辞めたり休んだりしてはいけないと思いました。将来、私が仕事を選ぶときには、やりがいを感じられるかなどを考えたいと思いました。

・私の母は、主婦をしています。私は、主婦は仕事に入らないと思っていました。しかし、このお話を通して、誰かのために精一杯尽くして、周りの人を支えられることが仕事だと思いました。母は、全力で仕事に取り組み、家族を毎日支えています。だから、主婦も立派な仕事だと思いました。

・このお話を通して、働くということは、「責任をもつ」ことだと思いました。私たちが今やっている係とかの仕事にも責任があります。だから、今やっている仕事を精一杯やって、将来の仕事につなげていきたいです。

・私は、仕事に就くのだったら、楽な仕事をしたいと思っていました。今日の授業を通して、今までの自分が情けないと思いました。自分に大変な仕事であっても、人の役に立つ仕事をしようと思いました。

> ……… **評価のポイント** ………
> 〈中心発問による発言〉
> ・社会に奉仕することの充実感や公共のために役立ちたいとする思いを考えました。
> 〈自己への振り返りによるワークシートへの記述〉
> ・働くことについて、自分との関わりの中で考えました。

母の仕事

主　題	内容項目	主として集団や社会との関わりに関すること
家族のことを思って	C　家族愛、家庭生活の充実	

第6学年
はじめてのアンカー

廣あ　日文
学研

出典　文部省「小学校　読み物資料とその利用『主として集団や社会とのかかわりに関すること』」

1　ねらい

　父母、祖父母の自分への愛を理解し、家族の幸せを求めて、家族に対して自分から進んで役に立とうとする心情を育てる。

2　主題設定の理由（指導観）

● ねらいとする道徳的価値（価値観）

　児童は家族との関わりの中で多くのことを学ぶことで、人間性が育まれていく。家族との関わりをより深めていくためには、互いの思いを見つめ、家族の一員として役割を果たそうとする意欲が必要である。

● 児童の実態（児童観）

　親や家族に対して素直な気持ちを表現できず、反抗的な態度をとりがちな年齢である。自分のことを励まし、認めてくれる存在として、家族が自分にしてくれていることやその思いを振り返らせることで、家族の一員としての役割を自覚させたい。

3　教材について（教材観）

● 教材の概要

　運動会のリレーではじめてアンカーに選ばれた「まき」は、父親に見てもらえることを楽しみにしていたが、父親が急に漁に出ることになり、悲しい気持ちになる。しかし、家族の話を聞く中で、「運動会を楽しみにしていた」という父親の気持ちを理解し、漁に出る父親の身を案じる気持ちへと変わっていく話である。

● 教材活用の視点

　家族との関わりの中で、本教材の「まき」と同じような思いをしたことのある児童は多い。そのため、「まき」の気持ちを考えながら、自分の経験を思い起こさせていく。そこから、家族と自分との関わりを見つめ直させ、家族の一員としての自分の役割を考えさせたい。

4　指導のポイント

　家族の自分への思いを振り返り、自分も家族の一員として役に立ちたいという心を育むため、導入で家族から「してもらっていること」を想起させ、自分は家族の一員として何ができるのかを問いかけ、ねらいとする道徳的価値についての問題意識をもたせる。そして、展開の終盤にもう一度問題について考えさせ、話合いをもとにした自分の家族への思いを見つめ直し、「家族の一員として自分にできること」を考えさせていく。

学習指導過程

	学習活動（主な発問と予想される反応）	指導上の留意点
導入	1　家族の一員として、「してもらっていること」について発表する ○家族にしてもらっていることや、していることはあるか。 ・ご飯をつくってもらっている。 ・家でのお手伝い。 ○本時の問題を確認する。 家族のために自分ができることはどんなことだろう。	・家族の一員として現在の自分がしていることを想起させることで、本時の課題を自分事として捉えさせる。
展開	2　『はじめてのアンカー』をもとに、問題解決を図る ※「まき」の思いを考えてみよう。 ○「まき」は、お父さんが運動会に来てくれることをどのように思っていたか。 ・最後の運動会だからうれしい。 ・アンカーでいいところを見せたい。 ○お父さんが運動会に来られないと聞き、涙を流している「まき」はどんなことを思っていたか。 ・お父さんひどい。 ・もう来なくていい。 ・最後の運動会なのに、さみしい。 ◎「まき」はどんな思いでお父さんを追いかけたのか。 ・お天気人形を渡したい。 ・「自分もアンカー頑張るね」と伝えたい。 ・お父さんと何でもいいから話がしたい。 3　自分の家族に対する思いを見つめ直し、これからの生活の仕方を考える ○家族のために自分ができることはどんなことだろう。今までの自分を振り返って、考えてみよう。	・「まき」に自我関与して、運動会に来てくれる父についての喜びの気持ちを考えさせる。 ・涙を流す「まき」の気持ちを考えることによって、父に対する悔しい気持ちや、やるせない気持ちを考えさせる。 ・「まき」のお父さんに対する気持ちが変わったことに気付かせるために、「まき」の行動の背景にある思いを問う。 ・自分にもそのような経験があったか問うことで、家族に対する思いを見つめさせる。 ・自分事として考えさせるために、本時の課題に対する自分の答えをワークシートに書かせる。
終末	4　教師の説話を聞く	・教師自身の家族に対する思いを体験談をもとに話す。

主として集団や社会との関わりに関すること

はじめてのアンカー

板書計画

家族に対する思いを一枚絵で視覚的に捉えさせる板書計画

　本時の「家族愛」に係る課題を明示して、「まき」の気持ちの移り変わりが一目で分かるように一枚絵を上下に貼り、家族愛について考えを深めることができるような板書を構成する。

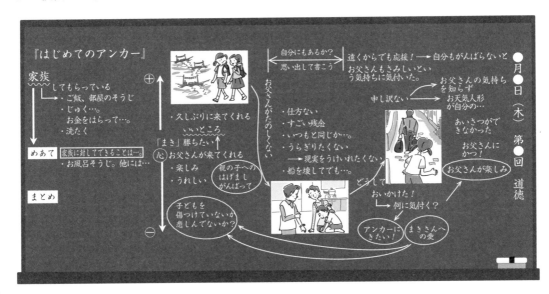

授業の実際

1　問題設定の実際

T　みなさんは、「家族にしてもらっていること」にどんなことがありますか。
C　ご飯をつくってもらっている。
C　部屋の掃除をしてもらっている。
C　塾の送り迎えをしてもらっている。
C　いろいろなお金を払ってもらっている。
T　たくさんしてもらっているね。4つ出ているけど、これ以上あるかな。ちょっと思い出してみて。
C　もっとあるよ。
T　例えば何？
C　風呂掃除とか。
T　なるほど。してもらっていることを聞きましたが、していることってありますか。
C　さっきは違う意味で出たけど、お風呂掃除。
C　時々肩をもんであげている。
T　偉いね。喜んでもらえている？

C　うん、喜んでくれる。
T　「してもらっていること」と「していること」ってどちらが多いでしょうか。
C　当然してもらっていることだよ。
T　どうしてですか？
C　まだ子供だからね。
T　子供だと何もしないの？
C　そうじゃないよ。
T　では、ここにある以外で自分が家族に対して何かできることはないか、考えていきましょう。
課題：家族のために自分ができることはどんなことだろう。
　それでは、教材に入ります。今日は、『はじめてのアンカー』という話です。主人公の「まき」さんは、お父さんに対してどのような思いをもっているか想像しましょう。
（教材提示）

問題解決的な学習のポイント

家族への在り方を見つめさせる導入と振り返りを行うため、以下のポイントを押さえる。

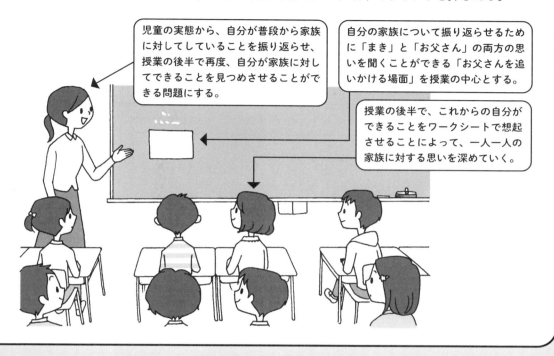

児童の実態から、自分が普段から家族に対してしていることを振り返らせ、授業の後半で再度、自分が家族に対してできることを見つめさせることができる問題にする。

自分の家族について振り返らせるために「まき」と「お父さん」の両方の思いを聞くことができる「お父さんを追いかける場面」を授業の中心とする。

授業の後半で、これからの自分ができることをワークシートで想起させることによって、一人一人の家族に対する思いを深めていく。

2　中心発問から道徳的価値を考える

T　どんな思いで追いかけたの？
C　遠くからでも応援してほしい。
C　自分と同じで、お父さんも寂しい。
T　みんなも家族が来ないと寂しい？
C　寂しい。
C　特に6年生なら、小学校生活最後だから寂しい。
C　お父さんも応援してくれるから、自分も応援しないといけない。
C　お父さんも漁に行くから、話がしたい。
T　「まきさん」は何に気付いたのでしょうか。
C　お父さんがアンカーとして期待してくれていたこと。
C　まきさんへの愛だと思う。
T　なるほど。愛ってどういうこと？
C　子供を応援すること。「頑張って」みたいなこと。
C　「励まし」ということだと思う。
T　「励まし」か。なるほど。
C　「まき」さんを傷つけていないかと心配すること。
T　それも愛ということなのだね。

.... 評価のポイント ....

本時の指導の意図は、児童が家族の一員として、自分の役割について再度考えることである。

導入で家族にしてもらっていることを想起させ、教材をもとにした話合いから、自分の家族に対する思いを見つめ直し、これから家族の一員として役割を担っていく思いをワークシートから見取る。

はじめてのアンカー

主　題	内容項目	主として集団や社会との関わりに関すること
私たちの学校	C　よりよい学校生活、集団生活の充実	

第6学年
ひるがえる校章旗

廣　あ

出典　文部省「小学校　道徳の指導資料とその利用3」

1　ねらい

集団の中での役割を自覚し、学校生活の充実に努めようとする態度を育てる。

2　主題設定の理由（指導観）

● ねらいとする道徳的価値（価値観）

学校生活を充実させるためには、児童が高学年としての自覚をもち、学校での自分の役割を自覚して、様々な活動に積極的に参加していくことが重要である。自分の役割を自覚し、学校生活の充実に努めることのよさを感じ取ることができるように指導したい。

● 児童の実態（児童観）

高学年として、学校内の活動に積極的に参加している。活動内容が楽しく周囲に称賛されたときは一生懸命に取り組むことができる。しかし、困難な出来事に直面すると、役割に不満を言うこともある。自分の役割を自覚し、学校生活の充実に努めるよさを多面的に考えさせたい。

3　教材について（教材観）

● 教材の概要

信二の通う小学校では、代々、6年生が朝夕の校章旗の上げ下ろしをしている。信二は、友達の実を誘い、3学期の当番に立候補し、朝夕忘れずに仕事をしていた。しかし、寒さが一段と厳しくなった2月のある日、信二は寝坊をしてしまう。その日の放課後、朝、1人で仕事をしてくれた実を先に帰し、1人で旗をおろす中、「どうしてこんな仕事を引き受けてしまったのか」と、後悔する。誰かに代わってもらおうと思いながら何日かが過ぎるが、卒業生との出会いから、校章旗の思いを知り、胸を熱くする2人であった。

● 教材活用の視点

自分の役割を自覚し、学校生活の充実に努めるよさを考えさせたい。指導に当たっては、自分の役割を最後まで果たすよさについて、多面的な見方ができるようにする。信二に自我関与させ、役割を最後まで果たそうとするときの思いを考えられるようにしたい。

4　指導のポイント

集団の中での役割を自覚し、学校生活の充実に努めようとする態度を育てるために、登場人物への自我関与をさせて考えさせる。特に、役割を果たすよさについて多面的な見方ができるように、児童の話合いを板書に分類整理することで、考えを深められるようにする。

学習指導過程

	学習活動（主な発問と予想される反応）	指導上の留意点
導入	1　学校をよりよくしている活動について想起する ・委員会活動の仕事。 ・地域の人々が集まる活動。	・ねらいとする道徳的価値への方向付けをするために、学校生活を充実させている活動を想起させる。
展開	2　『ひるがえる校章旗』をもとに話合う ＊信二さんの考えや思いを想像してみよう。 ○旗当番を引き受けたときの信二は、どんな気持ちか。 ・楽しみだな。 ・特別な仕事でうれしい。 ・学校のために頑張ろう。 ○「分わってもらおう」と思いながらも言い出せなかったのは、どんな気持ちからか。 ・みんなに何と言われるか。 ・途中で投げ出したら恥ずかしい。 ・自分から言ったのに無責任かな。 ◎信二が「卒業するまで頑張ろうね」と言ったのは、どのような考えからか。 　【人との関わりが広がる】 ・受け継がれていた役割を大切にしないと。 ・たくさんの人たちが見ている。 　【自分を成長させる】 ・役割を最後までやり通そう。 ・学校のために卒業するまで頑張ろう。 　【よりよい学校をつくる】 ・次の学年のためにやり抜こう。 ・学校をもっとよくしたい。 3　自分たちが学校のためにしている活動について振り返る ○どのようなことを、どのような気持ちで行ってきたか。	・集団の中での役割を進んで引き受けるときの気持ちを類推させる。 ・大変な役割に気付いたときの思いを、自分との関わりで考えられるようにする。 ・役割を果たそうとするときの考え方を分類整理し、果たしたときのよさについて考えさせる。 ・役割を果たしたときのよさのうち、自分の考えと近いものを選んで挙手をさせることで、他者理解も深める。
終末	4　教師の説話を聞く	・教師自身が小学生の頃に任され、役割を全うした経験談を話す。

主として集団や社会との関わりに関すること

板書計画
道徳的価値を実現させるよさを多面的に見る板書構成

中心的な発問を分類整理して示すことで、役割を果たすよさについて多面的な見方をもつことができるように板書を構想する。

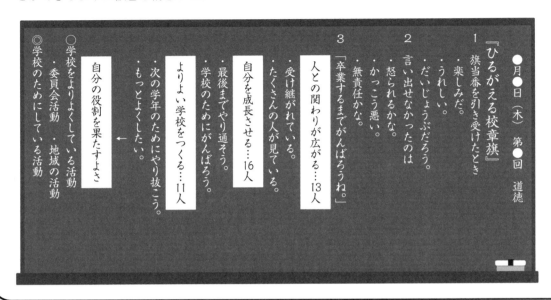

授業の実際

1　中心的な発問で板書を分類整理する

T　信二が「卒業するまで頑張ろうね」と言ったのはどんな考えからでしょう。
C　受け継がれた役割を大切にしないと。
C　たくさんの人たちが見ていてくれたんだ。頑張らないと。
C　自分で決めたことだから、役割を最後までやり通そう。
C　学校のために最後まで頑張らないと。
C　次の学年のためにもやり抜こう。
C　学校をもっとよくしたい。
T　自分の役割を果たそうとするときの思いは様々あるのですね。それでは、このような思いで自分の役割を最後までやると、どのようなよさがあると思いますか。
C　たくさんの人との関わりが広がるんじゃないかな。
C　みんなのために頑張ることで、自分を成長させてくれると思います。
C　自分の役割をしっかりとすることで、よりよい学校になるんじゃないかな。
T　それでは、今回は３つの面から分けましょう。自分の考えに一番近いと思うものはどれですか。
（自分の考えに近いものに挙手をさせる）
T　人によって、よいと感じることは様々ですね。考え方が違う人や似ている人に対して聞いてみたいことはありますか。
C　私は、役割を果たすことで、「自分を成長させる」と思って手をあげたのですが、「人との関わりが広がる」の人もたくさんいて驚きました。確かに、学校の役割を果たす中で、たくさんの人と関わることが増えるなと思いました。
T　自分の役割を果たすことは、楽しいことばかりではないですが、様々なよさがあることが分かりましたね。

道徳的価値のよさを多面的に考えさせる学習のポイント

役割を果たすことのよさについて多面的な見方ができるよう、児童の話合いをもとに学習を深める。

> 導入では、ねらいとする道徳的価値への方向付けをするために、学校生活を充実させている活動を想起させた。児童から出された活動は、よりよい学校をつくるために行われているものであり、それぞれに大切な役割があることを確認する。

> 学校での役割を果たすことのよさについて多面的に考えさせるために、児童から出された考え方を、「人との関わりが広がる」「自分を成長させる」「よりよい学校をつくる」の3つのよさに分類整理する。これをもとに、自分の考えに最も近い考え方を選ばせ、挙手をさせることで、役割を果たすことのよさについての考え方、感じ方は、人それぞれであるという他者理解について深めていく。

2 自分自身を振り返る学習

T 自分たちが学校のためにしている活動について振り返ってみましょう。これまで、どのようなことを、どのような気持ちで行ってきたでしょうか。
（ワークシートを用意し、委員会活動などから自分との関わりで振り返らせるようにする）
　それでは、何人かの人に聞いてみたいと思います。

C 体育委員として、朝の砂起こしや体育朝会のときの体操をやっています。登校して体育着に着替えて、毎日砂起こしをするのは大変だけど、今までの卒業生もしていたのだと思ったら、ありがたいなと思いました。自分の仕事として、これからもしっかりとやりたいと思いました。

C 1年生から6年生までの人たちと活動する縦割班の班長をしているのですが、全学年が楽しめる遊びを考えるときなど、大変だなと思うこともありました。だけど、1年生の人が喜んでくれたときはうれしいし、自分もしてもらってきたんだと思ったら、班長としてしっかり頑張ることが自分を成長させるんだと思いました。

> ……… 評価のポイント ………
> 登場人物に自我関与させ、集団の中での役割を果たすよさについて多面的な見方ができるようにする。役割を果たすよさについて分類整理したことをもとに、自分の考えに近いものを選択して挙手したり、ワークシートに書いたりしたものから把握する。

ひるがえる校章旗

| 主 題 | 内容項目 | 主として集団や社会との関わりに関すること |

未来のみんなのために　　C　伝統と文化の尊重、国や郷土を愛する態度

第6学年
米百俵

出典　文部省「小学校　道徳の指導資料第2集（第6学年）」

1　ねらい

我が国や郷土の発展に尽くした先人の思いや努力を、自分との関わりで理解することを通し、国や郷土の発展に貢献していこうとする心情を育てる。

2　主題設定の理由（指導観）

● **ねらいとする道徳的価値（価値観）**

我が国や郷土の伝統と文化を大切にする心は、過去から現在に至るまでに生まれた伝統と文化に関心をもち、自分との関わりを理解する中から生まれてくるものである。先人の業績や思いを自分との関わりで考えさせ、その思いを受け継いでいくことの大切さを感得できるよう指導したい。

● **児童の実態（児童観）**

児童は、我が国の国土や産業の様子、我が国の発展に尽くした先人の業績に目を向ける機会が多くなっている。一方で、それらと自分との関わりを考え、実感する機会は少ない。先人の思いや努力を自分との関わりで理解し、それらを受け継ぎ発展させていく責務や意義について考えさせたい。

3　教材について（教材観）

● **教材の概要**

戦いに敗れ、困窮していた長岡藩に、見舞いの米が百俵届く。皆は喜んでいたが、藩の大参事であった小林虎三郎は、米を売って学校を建てようと提案する。激しく反対する藩士たちに、虎三郎は郷土の発展のためだと説明する。顔を伏せて懇願する虎三郎の姿に、藩士たちも心を打たれ理解を示す。やがて、長岡藩からは優れた人物が数多く世に送り出されることとなった。

● **教材活用の視点**

自分たちの生活が、先人の努力と関わっていることに着目させたい。そのため、国や郷土を発展させてきた先人には、どのような思いがあったのかを問題として取り上げていく。郷土の発展に尽くそうとする虎三郎や藩士に共通した思いを、児童に自分との関わりで考えさせ、先人の思いを受け継ぎ、発展させていくことの責務や意義について考えられるようにしたい。

4　指導のポイント

我が国や郷土の発展に尽くした人々を支えてきた考え方や感じ方を問題として、問題解決的な学習を展開する。そこで、導入では、身近な郷土の文化や伝統、施設などに目を向けさせ、それらを支えてきた人々の思いは何かを、『米百俵』を通して、追究させる。

学習指導過程

	学習活動（主な発問と予想される反応）	指導上の留意点
導入	1　地域にある伝統的な施設について想起する ○この地域には、玉川上水が通っています。そのことで、喜んだのはどのような人々だったのだろう。 ・江戸の人々 ・この地域の人々 ・農民 2　本時の問題を確認する 　　国や地域の発展を支えた人々には、どのような思いがあったのだろう。	・自分たちの身近には、過去から現在までに受け継がれているものがあることに気付かせるために、具体的な例を紹介する。また、それによって多くの人が助かっていることに気付かせる。
展開	3　『米百俵』をもとに、問題解決を図る ○学校を建てようと提案する虎三郎と、それに反対する藩士たちにはどのような考えがあったのだろう。 【藩士】 ・死んでしまう。死んだら意味がない。 ・学校では、時間がかかる。 ・とにかく腹が減った。食わせろ。 【虎三郎】 ・まだ生きているではないか。我慢してくれ。 ・これからは、人材が大事なんだ。 ・この地域のためになることなんだ。 ◎虎三郎は顔を伏せながら、どんなことを考えていただろうか。 ・殺されてもしょうがない。 ・分かってくれ。頼む。 ・我慢してくれ。みんなのためなんだ。 ・私たちが我慢すればよいのだ。 ○藩士たちは、虎三郎の訴えかける姿を見て、どんなことを感じたのだろう。 ・虎三郎は、未来のみんなのことを考えていた。 ・我々だって、みんなのために歯を食いしばろう。 4　先人の思いを知り、自分と国や郷土との関わり方について考える ○先人の思いを受け、未来のみんなのためにできることは、どんなことがあるだろう。今までの自分を振り返って考えよう。	・虎三郎と藩士の両者の気持ちを体験的に考えられるようにするために、役割演技を行う。 ・両者の気持ちを考えられるようにするために、途中で役割を交代させる。 ・虎三郎は藩士たちの困難さを十分に理解していることも押さえる。 ・学校を作ろうとする理由を追究することで、虎三郎がみんなのためにと思う気持ちを自分事として考えさせる。 ・虎三郎や藩士たちには共通の思いがあったことを押さえることで、国や地域の発展を支えた人々の思いを確認する。先人の思いを、自分との関わりで考えさせる。 ・じっくり自分の生き方について考えを深めるために、十分な時間を確保して、書く活動を行う。
終末	5　教師の説話を聞く	・いろいろな所で先人の思いが現在でも受け継がれていることを紹介する。

主として集団や社会との関わりに関すること

米百俵

板書計画

先人の考えを自分との関わりで考えさせる板書構成

国や郷土の発展に尽くした先人の思いや努力を、板書を通してより深い理解につなげていく。

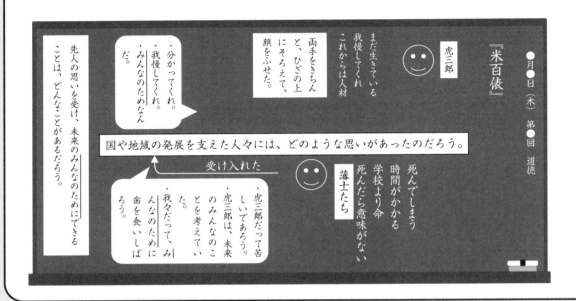

授業の実際

1　問題設定

T　学校の裏には、玉川上水が通っていますね。知っていることはありますか。

C　玉川兄弟が作った。飲み水。

C　昔は中で遊んではいけない場所だった。

T　では、その玉川上水があることで助かった人はどんな人でしょう。

C　江戸の人々。水不足だったから。

C　水売り。水を入手しやすくなったから。

C　農家。田んぼの水を汲まなくてよくなったから。

T　どこに住んでいる農家の人たちのことですか。

C　この辺りに住んでいた人たち。昔、ここらへんは田んぼばかりだったって先生が授業で話していたから。

T　そうだね。玉川上水のおかげで、この地域の人々はとても助かりました。

T　でも、完成までには多くの苦労や時間がかかったことはみんな知っていますよね。そして、玉川兄弟のように、大変な苦労をしてでも、国や地域の発展に貢献したり、尽くしたりした人々はたくさんいます。その人たちは、どんな気持ちや考え方があるのでしょう。

（問題カード提示）

> 国や地域の発展を支えた人々には、どのような思いがあったのだろう。

T　今日は、『米百俵』という話をもとにして、この問題について考えていきます。登場人物は、小林虎三郎さんとその部下たちです。お互いの気持ちを考えることで、問題の答えを考えていきましょう。

（教材提示）

問題解決的な学習のポイント

本時の各学習過程について、以下の点に留意することが大切である。

導入
先人の努力が自分との関わりで考えることができるよう、身近な具体例を想起させる。

問題設定
身近には、先人の業績や思いが詰まっているものが多く残されている。それらが児童の生活と結び付いていることを意識できるように問題を設定する。

自己を振り返る活動
「国や地域の発展を支えた人々には、どのような思いがあったのだろうか」という問題に対して、「みんなのために」という背景があることを確認する。「みんな」の中には、自分が含まれていることに気付かせ、自己の振り返り活動を行う。

POINT!

2　教材と自己をつなぐ

T　地域の発展を支えた虎三郎や藩士たちには、どんな思いが共通していましたか。
C　みんなのためという気持ち。
T　そうだね。「みんなの」というのは、どんな人たちのことですか。
C　長岡藩の人々。
T　でも、この当時は長岡藩の人々は苦しかったんじゃないかな。
C　未来の長岡藩の人のこと。
T　なるほど、「未来のみんな」ってことですね。玉川兄弟も同じように思っていたのかもしれないね。では、みなさん自身のことも考えてみましょう。先人の思いを受け、未来のみんなのためにできることは、どんなことがあるだろう。
C　私たちも未来の人のために、役に立つものや便利なものを残していきたいと思いました。

C　昔の人が苦労して作り上げたものは、今でも助かっているなと思った。未来の世界でも大切にしていきたい。
C　普段何も考えずに、見たり、使ったりしているものなども先人の思いが詰まっているから、大切にしなくてはいけないと思った。

---- 評価のポイント ----
児童が、国や郷土の発展に尽くした先人の思いや努力を自分との関わりで理解しているかどうかがポイントである。自分との関わりを意識した中で、国や郷土の発展に貢献していこうとすることを考えていたかどうか、発言やノートの記述から把握する。

米百俵

主題	内容項目	主として集団や社会との関わりに関すること
世界に開かれた心	C 国際理解、国際親善	

第6学年　　　　　　　　　　　　　　　　　　　　　　　その他
脊振の空は広く

出典　文部省「小学校　道徳の指導資料とその利用2」

1　ねらい

　国際親善のために大切なことや、自分にできることは何かを考えることを通して、進んで他国の人々とつながり、より親しくしていこうとする心情を育てる。

2　主題設定の理由（指導観）

● ねらいとする道徳的価値（価値観）

　グローバル化が進展する今日、国際理解や国際親善は重要な課題である。この課題に対応できるようにするためには、他国の人々や文化に対する理解や尊重する態度を養うとともに、国際親善に努めようとする態度を育てることが大切である。進んで他国の人々とつながり、より親しくしていこうとする心情を高めたい。

● 児童の実態（児童観）

　社会科や外国語活動等の学習を通して、児童の他国への関心や理解は高まってきている。一方で、日常的に他国の人々と交流することは少ないため、自分との関わりで国際親善について考える機会は多いとは言えない。他国の人々とよりよい関係を築いていくために、大切なことや自分ができることは何かを考えさせたい。

3　教材について（教材観）

● 教材の概要

　11月のある日、佐賀県脊振村に異様な轟音が響いた。山を捜索した村人は、バラバラの飛行機と外国人を発見する。「ほうっておけ」という声が上がるが、村人たちは村へ運んだ。診療所では、ある医師が寝食を忘れてフランス人ジャピーの看護にあたった。その医師の姿に、村人の考えはいつしか変わっていった。翌年、全快した男は心からの礼を述べ帰国した。その後、脊振村にはジャピー記念碑が建てられ、世界に開かれた村人の心をしのんだという。

● 教材活用の視点

　展開では、役割演技を取り入れ、助けようか、放っておくか悩む村人の思いを自分事として考えることで、国際親善の難しさや大切さなどについて気付くことができるようにしたい。

4　指導のポイント

　「外国の人とよりよい関係を築いていくために大切なことは何だろうか」を問題として、問題解決的な学習を展開する。中心発問で、「何が、村人たちの考えを変えたのか」について話し合うことで、児童が本時の問題に自分なりの答えを出す手がかりとなるようにする。

学習指導過程

	学習活動（主な発問と予想される反応）	指導上の留意点
導入	1　外国の人と交流したことを想起し、発表し合う ○これまで、外国の人とどのように関わったことがあるか。 ・英語を外国人の先生に習っている。 ・総合のゲストティーチャーで学校へ来てもらった。 2　本時の問題を確認する 　　外国の人とよりよい関係を築いていくために大切なことは何だろうか。	・児童が本時の学習の問題について、自分事として捉えられるように、全員の共通体験を取り上げながら、そのときの気持ちを問う。
展開	3　『脊振の空は広く』をもとに、問題解決を図る ○見たこともない人間を前に、村人はどのようなことを話したか。 【ほうっておけ】 ・何をされるか分からない。 ・日本人でないなら別に助けなくていい。 【助けるんじゃ】 ・同じ人間なのに、本当にそれでいいのか。 ・命に変わりはない。 ◎村人のジャピーに対する考えは、「よそもん」から「同じ人間」へと変わった。何が、村人たちの考えを変えたのか。 ・医師の姿や言葉。 ・気にかけるうちに、身近に感じるようになった。 ・一緒に過ごすうちに、お互いの距離が短くなった。 ○全快したジャピーの会を開いた村人は、ジャピーの心からの礼を聞いて、どう思ったか。 ・助かってよかった。 ・助けてよかった。 4　今までの自分を振り返って、国際親善のために大切なことや自分ができることを考える ○外国の人とよりよい関係を築いていくために、あなたが大切にしたいことは何だろうか。今までの自分を振り返って考えてみよう。	・教材を聞く前に、外国人を見る機会が全くない当時の時代背景や地域の様子について、補足説明を行う。 ・村人に自我関与させるために、2つの立場に分かれて役割演技を行う。 ・当時の村人が感じた思いについて、多角的に考えることができるように、必ず役割を入れ替え、両方の立場から考えさせる。 ・児童が本時の問題に自分なりの答えを出す手がかりとなるように、人とのつながりや親しみが心を開いていくことを考えさせる。 ・外国の人とつながり、親しくしていくよさについて考えられるように、全快したときの喜びの思いを自分事として考えさせる。 ・自分をじっくりと振り返ることができるように、考えや思いを書く時間を十分にとる。
終末	5　教師の説話を聞く	・外国の人と交流して、楽しかった体験を話す。

脊振の空は広く

板書計画

自分との関わりで問題解決を促す板書構成

教材を通して、外国の人とよりよい関係を築くことの大切さを考え、自分なりの答えを考え出せるようにする。

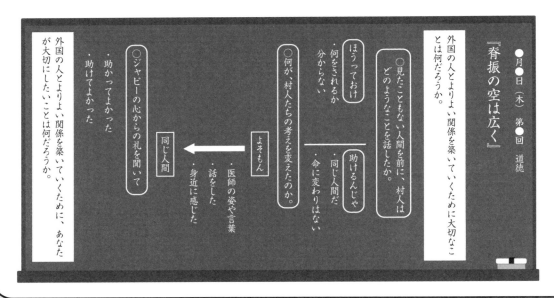

授業の実際

1 問題設定の実際

T これまで、外国の人とどのような交流をしたことがありますか。
C 英語を外国人の先生に習っています。
C 友達のお母さんが外国人で、よく話をします。
T 学校でも、外国の人と交流するときがありましたね。
C 総合のゲストティーチャーで学校へ来てもらって、その国の話を聞かせてもらいました。
T そのとき、どう思いましたか。
C その国のことを知ることができて、よかったです。
C 初めは緊張したけれど、楽しかったです。
T テレビやインターネットなどで、外国の人の様子は知っていても、直接話したり、協力して何かをしたりする機会は少ないかもしれません。

T 2020年の東京オリンピック・パラリンピックでは、多くの方が日本にいらっしゃいますし、これから皆さんは、世界の様々な国の方と関わるようになります。
　では、外国の人とよりよい関係を築いていくために大切なこととは一体何でしょうか。今日はこのことについて考え、話し合っていきましょう。
（問題カードを提示）

> 外国の人とよりよい関係を築いていくために大切なことは何だろうか。

　『脊振の空は広く』というお話をもとにして、この問題を考えていきます。外国の人に初めて出会ってから、少しずつ変わっていく村人の思いを手がかりに考えていきましょう。

問題解決的な学習のポイント

児童が自分なりの答えを出せる授業を展開するため、以下の点を意識することが大切となる。

児童が、本時の学習の問題について、自分事として捉えられるように、全員の共通体験を取り上げながら、そのときの気持ちを併せて問う。

国際親善について自分事として考えるために、展開では、役割演技を取り入る。助けようか、放っておくか悩む村人の思いを考えることで、当時の村人が感じた恐怖や偏見、同じ人間として放っておけない思いなどについて、多角的に考えるとともに、国際親善の難しさや大切さなどについて気付くことができるようにする。

児童が本時の問題に自分なりの答えを出す手がかりとなるように、中心発問では、「何が、村人たちの考えを変えたのか」について話し合う。

2 問題解決から個々のまとめ

T 村人のジャピーに対する考えは、「よそもん」から「同じ人間」へと変わっていきました。何が、村人たちの考えを変えたのでしょうか。

C 看病する医師の姿からだと思います。

C 医師の言葉だと思います。

T 医師の姿や言葉だけで考えが変わったのでしょうか。ジャピーと村人には関わりはなかったのかな。

C 村人同士の話に出てきたり、気にかけたりするうちに、身近に感じるようになったと思います。

C 話したり、ご飯を持って行ったりするうちに、親しくなったと思います。

※次の発問で、ジャピーと村人のお互いが感じた喜びについて考える。

T では、外国の人とよりよい関係を築いていくために、あなたが大切にしたいことは何でしょうか。今日の学習やこれまでの自分のことを見つめ直しながら、自分なりの考えを書いてみましょう。

---- 評価のポイント ----

本時の指導の意図は、外国の人とよりよい関係を築いていくために、自分が大切にしたいこと、自分ができることについて考えることである。外国の人とつながることのよさ、親しくすることの喜びなどについて、自分なりの答えとして表現したか、発問に対する発言や振り返りの内容をもとに、学習状況を把握する。

脊振の空は広く

主題	内容項目	主として生命や自然、崇高なものとの関わりに関すること
かけがえのない命	D 生命の尊さ	

第6学年
手のひらのかぎ

その他

出典 文部省「小学校 道徳の指導資料とその利用6」

1 ねらい

生命がかけがえのないものであることを理解し、生命を尊重しようとする態度を育てる。

2 主題設定の理由（指導観）

● ねらいとする道徳的価値（価値観）

生命は尊いという概念的な言葉での理解だけでなく、自分事として生きることの素晴らしさや生命の尊さを考えることができるように指導したい。特に自他の生命の尊さを常に意識して行動し、生命の尊さについて考えを深めることができるようにしたい。

● 児童の実態（児童観）

児童は、生命が唯一無二のものであること、自分の生命が大勢の人々の支えによるものであることを考えられるようになってきた。一方、ともすると生命を軽視するような言動も見られる。かけがえのない生命を実感させることで価値理解を深めたい。

3 教材について（教材観）

● 教材の概要

定期バスの山本運転手は、勤務中に大けがをしている少年を発見する。応急手当てをして少年をバスに運びこみ、乗客の了解を得て、村の診療所まで直行する。しかし、医師は10 kmほど離れた場所に出掛けていた。山本運転手は医師を迎えに行くと言うが、助手は勤務の関係で他の人に任せようと主張する。山本運転手は、「自分が責任をとる」と言い、医師を迎えに行く。幸い勤務に支障なく医師を連れてくることができ、寸前のところで少年の命を取り留めることができた。

● 教材活用の視点

かけがえのない生命を守ることの大切さを児童は概ね理解していると思われるが、大切にしたいという思いは、児童の生命に対する考え方、感じ方により多様である。そこで、山本運転手と助手を演じさせることで生命を尊重する意義やよさについての考えを深めるとともに、生命尊重の考え方、感じ方の多様性を理解させるようにしたい。

4 指導のポイント

生命尊重に対する考え方、感じ方を自分との関わりで考えさせるために、即興性を重視する役割演技を活用した体験的な学習を展開する。児童の多くは生命は何ものにも代えられないと主張することが予想されるため、教師が助手を演じ、生命尊重に対する多角的な考え方を促す。

学習指導過程

	学習活動（主な発問と予想される反応）	指導上の留意点
導入	1　自分にとって一番大切なものを想起し、発表する ○今、自分にとって一番大切なものは何か。 ・生命　　・家族　　・友達	・各自の認識している大切なものを想起させ、ねらいとする道徳的価値への方向付けをする。
展開	2　『手のひらのかぎ』を読んで話し合う ○山本運転手が、血まみれの少年を見たとき、どんな気持ちだったでしょうか。 ・大変なことだ。 ・何とかして助けなければならない。 ・急いで、病院に運ぼう。 ・命を落とすようなことがあってはならない。 ◎玉木さんに「だれかにたのもう」と言われたとき、山本運転手はどんなことを考えただろう。 ・一刻を争うのだから、そんなことは言っていられない。 ・人の命は何よりも大切だから、すぐに医者を迎えに行く。 ・発車の時刻も心配だが、仕方がない。 ○少年の命が助かったことを聞いた山本運転手は、どんな気持ちだったか。 ・かけがえのない生命が失われなくてよかった。 ・自分のしたことは正しかった。 3　生命尊重に関する経験を想起して、話し合う ○今までに生命のかけがえのなさを実感したことはあるか。 ・大雨で土砂に埋まった人が24時間ぶりに救出されたとき、生命が失われずによかったと感じた。 ・スーパードクターが難しい手術をするために、大変な努力をしていることを知って、生命の尊さを感じた。	・生命の危機に出合ったときの気持ちを自分との関わりで考えさせる。 ・教師が助手の玉木を、児童が山本運転手を演じることで、生命尊重に関わる多様な考え方、感じ方に出合わせる。 ・観衆の児童に対しては、自分が山本運転手であればどのような応答をするのかを考えながら演技を見るように指導する。 ・演技後は、学級全体で生命の尊さについて話し合わせる。 （役割演技） ・生命尊重を実現したときの気持ちを自分との関わりで考えさせる。 ・自分自身と向き合うことができるようにするため、ワークシートに書く活動を取り入れる。 ・児童の直接経験は少ないことも予想されるため、児童がこれまで見聞した中で、命のかけがえのなさを実感したことを発表させ、考えたこと、感じたことを交流させる。
終末	4　教師の説話を聞く ＊生命の尊さを感じた教師の経験談を聞く。	

主として生命や自然、崇高なものとの関わりに関すること

A
B
C
D

手のひらのかぎ

板書計画

生命の尊さを多角的に考える板書構成

　本時の「生命の尊さ」を支える様々な道徳的価値を明示して、生命尊重について多角的に考えられるような板書を構想する。

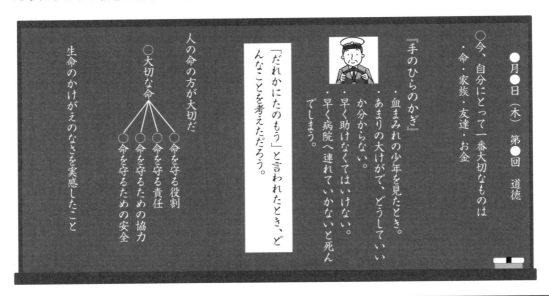

授業の実際

1　役割演技の実際

T　河合まで行ったら、何と医者がいない。山本運転手は医者を迎えに行こうと言いますが、助手の玉木さんは、誰かに頼もうと言います。電車やバスが時刻に遅れることは大変なことですね。
　　さて、山本運転手は、どんなことを考えたでしょう。

T　（玉木役）ほかの人にお願いしましょうよ。

C　早く迎えに行かなければいけないのだから人の命の方が大切なんだから、発車の時刻が遅れても仕方がない。

T　そんなことを言ったら、わたしたちは会社から処分されますよ。

C　そんなことを言ったって、人の命の方が大切なんだ。

T　私たちだって、生活があるじゃないですか。

C　人の命には、かえられない。命を守ることだって私たちの大事な役割です。

T　それは、バスの運行の話ではありません。

C　お客さんたちも、少年の命を守るために協力してくれたんだから、これからは私の責任で迎えに行きますよ。

T　どうしても行くのですか。

C　行きます。

T　はい、ここまでにしましょう。山本運転手さんありがとうございました。
　　（拍手）

T　さて、見ていた人たち、山本運転手は命についてどんなことを考えていたのでしょうか。話し合いましょう。

C　人の命は1つしかないのだから、何とかしなければならない。
　　（以下略）

役割演技を活用した体験的な学習のポイント

児童に多角的な考え方を促していくため、以下の3つのポイントを意識して役割演技を行っていく。

ポイント①
児童の生命の尊さに関わる考え方、感じ方を多様に引き出し、生命尊重を支える道徳的価値について多角的に考えさせるために役割演技を活用する。

ポイント②
児童の生命の尊さの背景を引き出すために、教師が相手役を演じる。

ポイント③
生命は尊い、大切であるといった決まりきった考え方、感じ方に終始しないように、「自分たちの役割だろうか」「自分たちの責任だろうか」といった言葉を投げかけることにより、児童が自分自身を見つめ、自分の生命に対する考え方、感じ方をもとに応答することを促す。

2 自己の生き方についての考えを深める学習

T 今までに、生命のかけがえのなさを実感したことはありますか。
（ワークシートに書く活動）

C 私は、実際に交通事故にあったことがあります。自動車のタイヤが足に乗っかりました。でも、幸い、ビーチサンダルがクッションになって骨が折れずにすみました。そのとき、私は思いました。命が1つしかないということが…。

C 命が大切だと思ったことは、怪我をしたときにひどくなって、このまま放っておくとひどくなって死んじゃうことがあると言われたことです。

C 私は、信号が点滅しているのに飛び出して、車に手が触れそうなところまで近付いてしまった。命をおとさないでよかったと思いました。

T なるほど、安全な生活が大切ですね。

C 私は、おじいさんが亡くなったとき、死ぬということは、こんなにみんなが悲しむということを知って、命は自分だけのものではないので、大切にしなければならないと思いました。

T あなたも、家族もつらかったですね。
さて、友達の発表を聞いて命について考えたこと、感じたことはありますか。
（以下略）

……… 評価のポイント ………
本時の指導の意図は、児童が生命の尊さに関わる多様な考え方、感じ方に触れて、その多様性に気付くことで生命に関わる自分の考え方、感じ方を深めることである。このことについて、児童の発言や友達の発言の受け取り方などの学習状況を把握する。

手のひらのかぎ

主　題	内容項目	主として生命や自然、崇高なものとの関わりに関すること
自然と共に生きるとは	D　自然愛護	

第6学年
日本の心

その他

出典　文部省「小学校　文化や伝統を大切にする心を育てる」

1　ねらい

自然と調和して生きてきた人々の生き方を理解し、自然を愛護しようとする態度を育てる。

2　主題設定の理由（指導観）

● ねらいとする道徳的価値（価値観）

人間は地球に住む生物の一員であり、環境との関わりなしには生きていけない存在である。そして、日本人は自然からの恩恵を昔から大切にし、自然との調和を図りながら生活してきた。自然の偉大さや素晴らしさを実感させながら、自然を大切に思う心情を育てたい。

● 児童の実態（児童観）

物資があふれる現代の消費社会において、児童は自分たちの身の周りの自然もそういった消費の1つの産物と理解していることが多い。自分たちを取り巻く自然環境をきちんと見つめ、自然を大切にしていこうとする児童を育てたい。

3　教材について（教材観）

● 教材の概要

日本や東洋の人々の考え方を欧米に広めた、鈴木大拙（1870～1966）を取り上げた話である。大拙は自然を尊び、自然を愛した日本の心をもった生き方を3つのエピソードで伝えている。その3つのエピソードを聞いた主人公の「ぼく」は、兄が言った「変化させてはならないもの」についての言葉の意味を考える。

● 教材活用の視点

自然を大切にしていくことの素晴らしさを一人一人に考えさせるために、日本人が昔から自然をどのように捉えて関わっていたのかということを追究していく。そこで、教材の鈴木大拙の3つのエピソードから鈴木大拙の考えを理解させ、兄の言葉の意味から自然とはどのようなものであるか、日本の心とはどのようなものであるかを考えさせる。

4　指導のポイント

自然を大切にしようとする態度を育てるために、鈴木大拙の考えや日本の心とはいかなるものであるかを教材から生まれる問題とし、問題解決的な学習を展開する。そこで導入では、自分が感じたことがある日本の自然の素晴らしさについて発表させ、本時の学習の見通しをもたせる。

学習指導過程

	学習活動（主な発問と予想される反応）	指導上の留意点
導入	1　日本の自然の素晴らしさについて確認する ○自然っていいな、素晴らしいなと感じたことはありますか。 ・夏休みに富士山に登ったとき、頂上からの景色が素晴らしかった。 ・みんなで山登りで自然がたくさんあった。	・自分と自然との関わりについて一人一人に想起させるために、具体的な場所やそのときの様子について発表させる。 ・児童が身近に感じられるような学校行事で体験した活動等でもよい。
展開	これからも日本の自然がなくならないためには、人々に何が必要なのか。 2　『日本の心』をもとに、問題解決を図る ＊鈴木大拙の考えを想像してみよう。 ○3つのエピソードから鈴木大拙は何を伝えようとしていたか。 ・昔は今よりも自然を大切にしていた。 ・自然への尊敬と親しみをもつことが大事である。 ・自然とどのように関わって生きていくか。 ○鈴木大拙のエピソードを聞いて、「ぼく」はどんなことを思ったか。 ・自分は自然を大切にしていたのかな。 ・鈴木大拙の考え方を大切にしていきたいな。 ◎兄の「変化させてはならないのもの」について、「ぼく」はどんなことを考えたか ・日本の自然。 ・日本の自然に対する人々の考え方。 ○みんなにとって「変化させてはならないもの」はどんなものですか。 ・日本の自然を大切にしようとする心。 ・自然自体。 3　自分の自然観について振り返る ○今までの日本の自然についてどんなことを思っていましたか。これから自然とどう関わっていきますか。 ・大切にしたいと思っていたけど、あまりできていなかった。	・自然についての自分の考えを見つめるために、3つのエピソードによる鈴木大拙の自然についての考えを知る。 ・3つのエピソードを視覚的に捉えられる板書をする。 ・3つのエピソードから自分事として考えさせるために、自分はどう思うのか、自分の立場で発表させる。 ・自然についての考えを深めるために、「変化させてはならないもの」の具体例を発表させる。 ・自分の生活や体験を振り返ることができるようにワークシートを用意し、書く時間を十分にとる。
終末	4　教師の説話を聞く	・教師自身が日本の自然のよさに触れて感動した経験談を話す。

主として生命や自然、崇高なものとの関わりに関すること

板書計画

考えさせることを明確にした板書構成

教材を身近に考えさせるためのエピソードを具体的に提示していく。

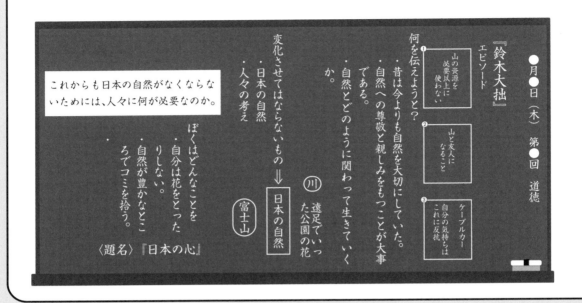

授業の実際

1　導入における問題設定

T　今まで生活してきた中で、自然っていいな、素晴らしいなと感じた経験はありますか。順番にとなりの人と話してみましょう。
（経験を想起させる活動）
T　どんな経験が出ましたか。
C　去年の遠足で行った公園で花がとてもきれいに咲いていた。
T　確かにそうでしたね。きれいだから素晴らしいの？
C　うん。きれいだし、においもいいにおいだった。空気がきれいだった。
T　同じことが話題に出た人はいますか（挙手させる）。結構いますね。他の経験は？
C　おじいちゃんの家から少し歩くと、川があり、とてもきれいな川で魚とかも見える。
T　どうしてそれが素晴らしいと感じたの？
C　汚れていないし、いろいろな生き物がいて、川が大切にされていると思うから。
T　なるほどね。他にはどうですか。
C　去年の夏に富士山に登って、頂上の景色がきれいだった。
C　空がとても近くに感じた。
T　ゴミとかはどうでしたか。
C　途中はゴミが落ちている場所もあって、「なんで捨てるの」と思った。
C　もっと日本の自然を大切にしてほしいと思った。
T　どうしてそういうことをする人がいるのだろうか。
C　自然を大切にしてもらってない気もする。
T　では、本時のテーマとして、「これからも日本の自然がなくならないためには、人々に何が必要なのか」にしましょう。

問題解決的な学習のポイント

自分にできることを追究する授業を展開する上で、以下のポイントを押さえる。

ポイント①
児童の実態から、自然の素晴らしさを感じた経験を振り返らせ、授業の後半では、その経験と鈴木大拙の思いをつなぎ合わせ、自然についてのこれからの自分の考えをもたせる。

ポイント②
日本の自然の素晴らしさについて考えを深めるために、鈴木大拙の日本の自然についての思いを3つのエピソードをもとにして考えさせる。

ポイント③
授業の後半では、問題についての一人一人の答えをもたせるため、これからの自分ができることをワークシートに書かせる。

2 問題解決から個々のまとめ

T 兄の「変化させてはならないもの」という言葉がありましたが、「ぼく」はどのようなものだと考えているでしょうか。
C 自然を大切にしようという人々の思い。
C 豊かな日本の自然環境。
C 自然への尊敬と親しみ。
T みんなにとって「変化させてはならないもの」はどんなものですか。
C 自然を大事にしていこうという思い。
C 実際に自然を大切にした行い。
T 例えば、どんな行い？
C 木を切ったり、花をとったりしないこと。
C あまりできないけど、自然豊かな場所で落ちているゴミを拾うとか。
T どうしてできないの？
C なんか恥ずかしかったり、めんどくさくなってしまったりするから。
T そうですか。では、これからも日本の自然がなくならないためには、人々に何が必要なのかな。
C 自然を大切にした行動。
C 確かに行動は大事だけどできないときもあるから、やはり気持ちをもち続けること。
C 時々こうして自然について話し合うこと。

---------- 評価のポイント ----------
本時の意図は、自然についての自分の考え方や在り方について振り返ることである。本時の問題についての答えを自分なりに見つめ、これからの自分が自然とどう関わっていくのかという考えをワークシートの記述から把握していく。

日本の心

主題		内容項目	主として生命や自然、崇高なものとの関わりに関すること
美しい心		D 感動、畏敬の念	

第6学年
青の洞門

東書 学図
日文 光文
学研 廣あ

出典 文部省「小学校 道徳の指導資料第3集（第6学年）」

1 ねらい

人の心の美しさや気高い心にふれることによって、美しい心に感動する心情を育てる。

2 主題設定の理由（指導観）

● **ねらいとする道徳的価値（価値観）**

美しいものや気高いものに接したり、崇高な行為を支えたものに気付いたりすることによって、素直に感動する心をもち、人間としての在り方をより深いところから見つめ直すことによって、美しい心に感動する心を育てたい。

● **児童の実態（児童観）**

6年生も後半になると、学校生活において多くの感動を得たり、人の心の奥深さや清らかさを描いた文学作品に感動したりしている。このような実態から、本時ではこれまでの指導を「深める」ことを意図して授業を行う。

3 教材について（教材観）

● **教材の概要**

家来に父を殺された実之助は、あだ討ちのため中川家の名誉をかけて、主人殺しの了海を探し歩く。一方の、大罪を犯した了海は、人々のために洞門を掘って自らの罪の償いをするようになる。そして、19年たったある日、実之助はついに了海を探し当てる。ところが、了海と共に作業をする石工たちに頼まれ、あだ討ちを待つことになる。隙をついてあだ討ちをしようと洞門の中に入った実之助は、その了海の姿を見て完成まであだ討ちを待とうと決心する。そして、共に作業をした方が、早くあだ討ちができると考え、共につちを振り続けた。やがて完成したとき、実之助は何も言わずに了海の手を握り締めていた。菊池寛の『恩讐の彼方に』を原作とする教材である。

● **教材活用の視点**

21年の歳月を、洞門を掘るためだけに費やした了海の美しく気高い心に触れ、復讐心を忘れて感激した実之助の心を考えさせることを通して、美しい心に感動する心情を育てたい。

4 指導のポイント

実之助の姿をもとに、美しい心について考えていくことから、登場人物の自我関与による学習を展開する。そして、自己への振り返りにおいて、自分のこれまでの経験や自身の心の高まりを想起し、本時の道徳的価値観を高めていく。

学習指導過程

	学習活動（主な発問と予想される反応）	指導上の留意点
導入	1　当時の様子を知り、教材に対しての理解を促す ○あだ討ちと当時のトンネルを掘る作業について説明します。 ○今日は実際にある「青の洞門」というところにちなんだ話をもとに学習します。 ○本時の課題を確認する。 　美しい心とは、どのような心なのでしょう。	・当時はあだ討ちが正当であることをつかませる。 ・洞門を掘るための道具について紹介し、当時の大変さをつかませる。 ・主題名を板書し、学びの方向性を明確にする。 ・教師は洞門を掘る動作を行い、臨場感を醸し出してから発問する。
展開	2　『青の洞門』をもとに、話し合う ○「父のかたき！かくご！」と言ったとき、実之助はどんな気持ちだったでしょう。 ・やっと、見付け出した。 ・この日が来るのをどれだけ夢見たことか。 ・今までの苦労が報われる。 ・今ここで思い知れ、父を殺した重大さを。 ◎了海の手を握り締めていたときの実之助は、どのような気持ちだったでしょう。 ・ようやく完成したぞ。 ・もう、殺すことなどできない。 ・あだ討ちができず、自分は情けない、腰抜けだと思われてもいい。 ・人々のために役立とうと、長い間十分にもう罪を償い続けたのだから。 ・了海の偉大さを感じた。心を動かされた。 3　自分自身の考えや思いを振り返る ○人の心に美しさを感じるのは、どのようなときですか。自分自身の生活を振り返って考えてみましょう。 ・親切にしてもらったとき。 ・人を助けたり親切にしたりしている姿を見たとき。 ・一生懸命努力している姿を見たとき。 ・つらいことや困難を乗り越えようとしている姿を見たとき。 ・負けても勝っても、称え合っている姿を見たとき。	・教材を用いて、読み聞かせをする。 ・親のあだを見付け出すことができた実之助の気持ちを、自分事として考えられるようにする。 ・実之助の心の中からあだ討ちの気持ちが消えていったさまを深く考えていくことによって、人の心の気高さや心の美しさを考えられるようにする。 ・人の心の美しさを自分との関わりによって考えさせる。 ・自己の生活経験に基づきながら、ワークシートに自分の考えをまとめさせる。
終末	4　教師の説話を聞く	・教師がこれまでに感動したこと、美しい心に触れ合えた喜びについて語る。

主として生命や自然、崇高なものとの関わりに関すること

A
B
C
D

板書計画

いつでも学習過程を振り返られる板書構成

話合いの過程を板書により明確にし、人の心の美しさについて、児童が視覚からも考えることのできる板書を行う。

授業の実際

1　中心的な発問での話合い

T　了海の手を握り締めていたときの実之助は、どのような気持ちになっていたでしょう。
C　やった、ようやく完成した。
C　よくここまでやり遂げることができた。
C　達成感に包まれた。
C　胸がいっぱいになった。
C　ほっとした。
C　もう、殺すことなどできない。
T　なぜ、そう思ったのかな。
C　了海は、最後までやり通したから。
T　あだ討ちをしないと、困るのではないか。
C　了海は、悪いことをしたが、人々のために役立とうと、頑張り続けたから。
C　人々のために、トンネルを掘ることを通して、長い間をかけて、十分にもう罪を償い続けたから。
C　了海が希望を捨てず頑張り通したところに共感し、心を動かされたから。
C　了海の偉大さを感じた。その了海の姿に、心を動かされた。
C　あだ討ちをできない自分を情けない、腰抜けだと思われてもいい。それほど…
T　それほど？
C　了海に心を打たれた。
C　了海の姿に感動した。
C　了海の素晴らしさに気付いた。
T　そんな実之助のことを、どう思いますか。
C　なんて素晴らしい人なんだ。
C　了海もすごいと思うが、実之助は、もっとすごい。
C　実之助は、心が広い人間だと思う。
C　実之助は、とても心が美しい人だと思う。
C　実之助の心に感動した。

読み物教材の活用のポイント

自我関与を通して美しい心について考えるため、以下の工夫を行っていく。

教材提示の前に、「美しい心とは、どのような心なのでしょう」と、課題を提示しておくことにより、問題とする論点が明確になるようにする。

あだ討ちをするために、長い間探し続けていた実之助が、了海となぜ手を握り締めるまでになったのかという実之助の心を考えることで、人間の気高さや心の美しさを考えさせていくようにする。

当時の様子や現状を分かりやすく児童に捉えさせるために、実際につちを見せる。また、この当時には、あだ討ちが許されていることを伝え、実之助の使命についても言及した上で、教材提示をする。さらに、中心発問に入る前に、つちを打つ教師による動作化を取り入れて、臨場感を醸し出し、トンネルを掘ることがどれだけ大変なことなのかを示すことで、実之助の心を深く考えられるようにする。

2　児童の自己を見つめる学習

- 組体操で、一番下で支えている友達は、とても痛い思いをしている。成功させるために、一生懸命自分自身と戦っている仲間の心が美しく、感動した。
- 組体操で、下の私たちはとても痛い思いばかりしていた。ついに、喧嘩のようになってしまった。あるときから、気遣って登ってくれるようになり、下から見えない上の様子も伝えてくれた。そして、初めてうまくいったとき、思わず手を取り合って、泣きながら喜んだ。
- この前、道徳の授業で、杉原千畝さんのことを勉強した。自分の誠実な心と向き合い、多くの罪もない人々を助け、人のために尽くす姿に、とても心が美しい人だなと思った。私も将来、杉原千畝さんのような美しい心をもった人になりたいと思った。
- 道に迷っているおばあさんがいて、声をかけようと思ったら、同じクラスのA君が道を教えていた。荷物まで持って連れていってあげている姿に美しいと感じた。
- 私のお母さんは、家族のために一生懸命働いて、ご飯も作ってくれます。私たちのために頑張っているお母さん。自分で言うのも何だけど、とても美しいと思います。

----------- 評価のポイント -----------
〈中心発問による発言〉
- 人の心の美しさや気高い心にふれることで、美しい心について考えました。

〈自己への振り返りによるワークシートへの記述〉
- 人の心の美しさを自分との関わりによって考えました。

主として生命や自然、崇高なものとの関わりに関すること

青の洞門

主題	内容項目	主として生命や自然、崇高なものとの関わりに関すること

弱さを越えてなりたい自分になる　　D　よりよく生きる喜び

第6学年
真海のチャレンジ

その他

出典　文部科学省「私たちの道徳　小学校5・6年」
　　　文部科学省「小学校道徳　読み物資料集」

1　ねらい

　よりよく生きようとする人間の強さや気高さを理解し、人間として生きる喜びを感じようとする心情を育む。

2　主題設定の理由（指導観）

● ねらいとする道徳的価値（価値観）

　高学年では、人間の弱さとそれを乗り越えようとする強さや気高さについて理解できるようになる。自分の弱さを知り、自分だけが弱いのではなく、自分の中の強さや気高さを理解することを通して、夢や希望など喜びのある生き方についての考えを深められるようにしたい。

● 児童の実態（児童観）

　向上心はあるが、真っ直ぐに貫くことができない人間の弱さについての理解は十分ではない。その理解なくしてはよりよい生き方についての考えを深めることはできない。自分の中の弱さと強さを理解し、どんな自分になりたいのかを見つめ直し、喜びある生き方についての考えを深めさせたい。

3　教材について（教材観）

● 教材の概要

　走り幅跳びのパラリンピアン、佐藤真海さんは、大学時代に骨肉腫が原因で右足の膝から下を切断し、希望のもてない日々を経験する。しかし、目標に向かって頑張る自分らしさを振り返り、自分を奮い立たせ、走り幅跳びに挑戦する決意をする。

● 教材活用の視点

　走り幅跳びの練習に打ち込む真海さんに自我関与することを通して、夢や希望など喜びのある生き方についての考えを深めさせる。そのためには、人間に内在する弱さと強さについての理解が不可欠である。手術後、大学の友達の姿と自分を比べ、希望をもてずに泣いてばかりいた真海さんに自我関与して話し合うことを通して、自信がもてないときや困難に出合ったときなど、人間の弱さについての理解を深めさせる。そして、水泳を始めたときの真海さんに自我関与して話し合うことで、自分の中の強さや気高さについての理解を深めさせる。

4　指導のポイント

　真海さんの姿から、人間の弱さとそれを乗り越える強さ、そして喜びある生き方についての考えを深めることができる。よって、「登場人物への自我関与」をして考えさせる授業を行う。

学習指導過程

	学習活動（主な発問と予想される反応）	指導上の留意点
導入	1　生きる喜びについて考える ○生きる喜びを感じるときとは、どんなときですか。 ・遊んでいるとき。　・おいしいものを食べたとき。	・ねらいとする道徳的価値についての方向付けを行うために、これまでの経験を想起させる。
展開	2　『真海のチャレンジ』を読んで話し合う ○大学に復帰し、明るく楽しそうに過ごす友人を見て、真海さんはどんなことを思ったでしょう。 ・うらやましい。 ・自分はやりたいことができない。 ・これからどうしていったらいいのか。 ○真海さんはどんな思いから水泳に挑戦したのでしょう。 ・このままではいけない。 ・今の自分は自分らしくない。 ・目標がほしい。 ◎走り幅跳びの練習に打ち込む真海さん。どんな気持ちで練習に臨んでいたと思いますか。 ・パラリンピックに出たい。（目標） ・頑張る自分が好きだ。（自己肯定感） ・練習が楽しい。（喜び） ・できることが増えて嬉しい。（成長） ・自分らしさを取り戻した。（自分らしさ） 3　これまでの自分を振り返る ○今までに生きる喜びについて考えたことを教えてください。 ・ただ楽しいということではなく、弱い自分を乗り越えて成長していくことが生きる喜びだと感じました。	・真海に自我関与して考えられるよう情感を込めて読み聞かせを行う。 ・人間理解を深めさせるために、夢や希望をもてず、沈む気持ちについて考えさせる。 ・水泳に挑戦することを決めた真海さんに自我関与して話し合うことを通して、弱さを乗り越えようとする人間の強さや気高さについて考える。 ・夢や希望など、喜びのある生き方について話し合わせる。 ・他者理解を深めさせるために、ペアトークをした後、全体での話合いをする。 ・多面的・多角的に考えられるように、様々な練習法や記録の推移の様子などを板書する。また、児童の考えを分類して板書をする。 ・夢や希望など喜びのある生き方についての考えを深めさせる。 ・自分との関わりでじっくり考えられるように、道徳ノートに記述させる。
終末	4　教師の説話を聞く ○詩人ゲーテの「人間は結局なりたい自分になる」という言葉を紹介する。	・向上心をもって生活することのよさについて話す。

主として生命や自然、崇高なものとの関わりに関すること

真海のチャレンジ

板書計画

生きる喜びについての理解を深める構造的な板書

「希望と勇気」「努力と強い意志」と混同しないよう、人間のもつ弱さや強さ、よりよく生きようとする姿を構造的に板書する。

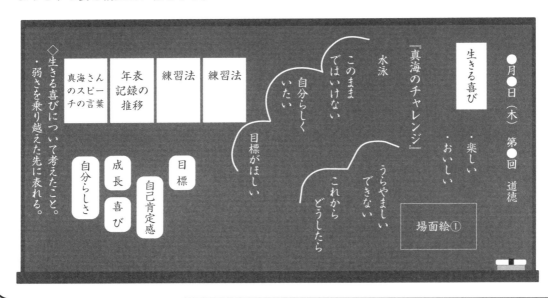

授業の実際

1 中心的な発問での話合い

[導入] 努力や生命尊重にねらいがぶれないよう、ねらいとする道徳的価値について率直に聞くことにした。

T みなさんは、生きる喜びをどんなときに感じますか。
C 家族のアルバムを見ながら、思い出を振り返っているときです。
C 危ないところを助けられたときです。
T なるほど。身近なことでもいいですよ。
C 友達と仲よく遊んでいるとき。
C 知らなかったことを発見したり、気付いたりしたときにも感じます。
T 様々な場面で生きる喜びを感じているのですね。今日はこの生きる喜びについてみんなで考えていきましょう。

[中心発問]
C 「限界のふたを外す」という言葉にもあるように、無理って決めつけないで練習していると思います。
C 自分は輝けるという可能性を信じたのだと思います。
C 義足でもできることを増やしたい。
C 成長して、その姿を見てほしい。
T 誰に見てほしいのかな。
C 家族とかコーチとか、お世話になった人たちにです。
C パラリンピックに出て、世界中の人にも見せたいと思ったんじゃないかな。
C 前の弱い自分じゃなくて、今の生き生きした自分がいい。
T （板書を示しながら）弱い自分を乗り越え、こういう生き方につながったんだね。

自我関与を深める学習のポイント

登場人物への自我関与をもとに考えを深めさせる学習を行う際に、以下の点を意識する。

目標をもって頑張る自分らしさを求めて、弱さを乗り越え、生き生きと走り幅跳びに挑み続ける真海さんの姿から、児童に共感と感動、尊敬の気持ちを抱かせる。そのためには人間のもつ弱さと強さや気高さについてしっかりと考えさせる必要がある。

走り幅跳びの練習に打ち込む真海さんに自我関与して話し合うことを通して、夢や希望など喜びのある生き方についての考えを深めさせる。明確な指導観のもと、明確な意図をもった発問を構成することが大切となる。

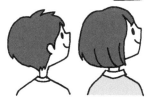

振り返りでは、「生きる喜び」について授業を通して考えたことを振り返らせることを意図する。5年生で扱うときには、「なりたい自分になるために頑張りたいこと」について振り返りをさせたい。

2　登場人物への自我関与から、個々のまとめ

T　生きる喜びについて、考えたことを書きましょう。
［児童の記述より］
C　人には、弱さと強さがあります。弱い自分を乗り越えて、強い自分になります。もっともっと上を求めて挑戦していくことが輝くこと、生きる喜びなんだと思います。
C　私は、真海さんの生き生きとした姿に感動しました。私も頑張ろうと思いました。
C　私が考える生きる喜びは、ラッキーなことがあっての喜びではなくて、大変なことや苦労を乗り越えて、成長していくことだと思います。なんの苦労もせずに成長することはないと思います。誰だって大変なことを乗り越えて、生きる喜びを感じるんだと思います。
C　私は、みんなで取り組んだことが成功して、みんなの笑顔を見たとき、私も笑顔になって、そんなときに生きる喜びを感じたことがあります。
C　僕はこの話を読んで、成長したり成長したいと思ったりすることが、生きる喜びを感じるときだと思いました。

……… 評価のポイント ………
人のもつ弱さや強さ、気高さを理解した上で、夢や希望など、喜びある生き方についての考えを深めたか、ノートの記述をもとに評価する。また、自己評価と記述を照らし合わせて、成長の様子を見取っていく。

主として生命や自然、崇高なものとの関わりに関すること

真海のチャレンジ

編著者

赤堀　博行　Akabori Hiroyuki　帝京大学大学院教職研究科教授

1960年東京都生まれ。都内公立小学校教諭、調布市教育委員会指導主事、東京都教育庁指導部義務教育心身障害教育指導課指導主事、同統括指導主事、東京都知事本局企画調整部企画調整課調整主査（治安対策担当）、東京都教育庁指導部指導企画課統括指導主事、東京都教育庁指導部主任指導主事（教育課程・教育経営担当）、文部科学省初等中等教育局教育課程課教科調査官・国立教育政策研究所教育課程研究センター研究開発部教育課程調査官を経て、現職。教諭時代は、道徳の時間の授業実践、生徒指導に、指導主事時代は、道徳授業地区公開講座の充実、教育課程関係資料の作成などに尽力する。この間、平成4年度文部省道徳教育推進状況調査研究協力者、平成6年度文部省小学校道徳教育推進指導資料作成協力者「うばわれた自由（ビデオ資料）」、平成14年度文部科学省道徳教育推進指導資料作成協力者「心のノートを生かした道徳教育の展開」、平成15年度文部科学省生徒指導推進指導資料作成協力者「非行防止教育実践事例集」、平成20年度版『小学校学習指導要領解説　道徳編』の作成にかかわる。主な著作物に『道徳教育で大切なこと』『道徳授業で大切なこと』『「特別の教科　道徳」で大切なこと』『これからの道徳教育と「道徳科」の展望』（東洋館出版社）、『心を育てる要の道徳授業』（文溪堂）、『道徳授業の発問構成』（教育出版）などがある。

執筆者一覧（執筆順）

赤堀　博行	帝京大学大学院教職研究科教授
高橋　晶子	東京都中野区立塔山小学校
東小川智史	東京都国分寺市立第四小学校
長島須美子	静岡県沼津市立第五小学校
北田　優典	東京都足立区立梅島第二小学校
齋藤　優介	東京都稲城市立稲城第七小学校
野村　宏行	東京都東大和市立第八小学校
中塩　絵美	東京都北区立滝野川第二小学校
竹本万紀子	東京都世田谷区立松丘小学校
阿部　利幸	徳島県吉野川市立森山小学校
早川　大介	東京都渋谷区立神南小学校
山本　浩貴	北海道旭川市立東五条小学校
保延　秀紀	東京都千代田区立九段小学校
吉本　一也	東京都目黒区立油面小学校
市倉　　尚	東京都昭島市立武蔵野小学校
小島　嘉之	埼玉県上尾市立富士見小学校
前　　博毅	東京都台東区立忍岡小学校
髙崎　裕之	東京都豊島区立目白小学校
安部　詠子	大分県国東市立国東小学校
田中　芳子	東京都昭島市立武蔵野小学校
中野　　学	東京都世田谷区立松丘小学校
遠藤　信幸	東京学芸大学附属小金井小学校

小学校 考え、議論する
道徳科授業の新展開　高学年

2018（平成30）年2月15日　初版第1刷発行

編著者　赤堀博行
発行者　錦織圭之介
発行所　株式会社 東洋館出版社
　　　　〒113-0021　東京都文京区本駒込5-16-7
　　　　営業部　TEL：03-3823-9206　FAX：03-3823-9208
　　　　編集部　TEL：03-3823-9207　FAX：03-3823-9209
　　　　振　替　00180-7-96823
　　　　Ｕ Ｒ Ｌ　http://www.toyokan.co.jp

[装　　丁] 中濱健治
[本文デザイン] 竹内宏和（藤原印刷株式会社）
[イラスト] オセロ
[カバーイラスト] おおたきまりな
[印刷・製本] 藤原印刷株式会社

ISBN978-4-491-03474-4　　Printed in Japan

JCOPY ＜(社)出版者著作権管理機構 委託出版物＞
本書の無断複写は著作権法上での例外を除き禁じられています。複写される場合は、そのつど事前に、(社)出版者著作権管理機構（電話:03-3513-6969, FAX:03-3513-6979, e-mail:info@jcopy.or.jp）の許諾を得てください。